できる大人は心得ている——

ビジネスマナーこそ最強の武器である

カデナクリエイト〔編〕

青春新書
PLAYBOOKS

はじめに――小手先のテクニックより、仕事は結局ここで差がつく！

仕事ができる人は、マナーの面でも飛び抜けている――。

これまでビジネス関連の雑誌、書籍、Ｗｅｂメディア、あるいは社内報などで延べ数千人に及ぶ「すぐれたビジネスパーソン」を取材してきた私たちカデナクリエイトは、いつしかそう確信するようになっていました。

図抜けた成果を残している営業パーソン、イノベーティブなアイデアを形にしているクリエイター、あるいは企画、総務、販売員など、職種や世代を問わずいるすぐれた人たち。彼ら、彼女たちのほとんどは、挨拶、言葉遣い、上下関係、身だしなみ、社内外でのコミュニケーションなど、あらゆる所作が洗練されていたからです。

考えてみれば当然です。

ビジネスマナーの目的は、煎じ詰めれば目の前の相手との距離を縮め、信頼につなげ、リレーション（関係）を高めることです。

つまり正しいビジネスマナーを身につけ、当たり前にそれを実践し続けることは、仕事の質の向上に直結する、きわめて合理的な行動なのです。

もっと言えば、ビジネスマナーは最強の仕事の武器になる。


本書は、そんなできるビジネスパーソンたちから学んだ、ビジネスマナー、仕事術、マネジメント術などを厳選、１００の項目にして紹介する一冊です。マナーの基本を身につけたい方はもちろん、仕事の成果をもっと上げたい、ライバルと差をつけたい、そんなふうに考えている人にこそ手に取ってほしいと考えて執筆、編集しました。


世の中は常に変わり続けます。名を馳せた会社が、一夜にしてライバルにシェアを奪われることがあります。隆盛を誇ったビジネスモデルがすぐに陳《ちん》腐《ぷ》化することもある。

しかし、人の心理や人間関係の原理原則は、それほど変わるものではありません。ビジネスマナーの奥にひそむ本質はその原理原則に基づいたもの。いつまでも陳腐化しない人生の羅針盤になり得るのです。

ビジネスマナーこそ最強の武器である　目次

1章

武器としての「仕事の基本」マナー

2章

武器としての「身だしなみ」のマナー

3章

武器としての「初対面・来客対応」のマナー

4章

武器としての「電話・メール・チャット」のマナー

5章

武器としての「他社訪問・営業」のマナー

6章 武器としての「社内コミュニケーション」のマナー

9章

武器としての「トラブル対応」のマナー

本文DTP／エヌケイクルー

1章

武器としての「仕事の基本」マナー

【挨拶】
意外とできていない挨拶の基本

●声のトーンは明るくはっきりと

できるビジネスパーソンになるために、まず習慣づけたい基本中の基本が挨拶です。感じがいい挨拶をする人は、誰にでも好感を持たれるし、また、名前も覚えられやすくなります。社内外の人脈が速いスピードで広がることも期待できます。

挨拶なんて新人でもできる簡単なマナーだと思うかもしれませんが、簡単だからこそ、意外とできていない人がいるものです。

例えば朝、同僚を見かけたら、明るくはっきりした声で、自分から「おはようございます」と挨拶をします。もし**自分が椅子に座っていたら、立ち上がってから挨拶するのが基本**です。また、所属する部門の部屋に入る時などは、全員に向かって一回挨拶するのではなく、一人ひとりに挨拶します。それに対して帰る際、自分が早く帰るケースでは「お先に失礼いたします」、自分よりも先に帰る人がいれば「おつかれさまでした」と挨拶をします。

挨拶する時に意識してほしいのは**目を合わせること**です。目を合わせると、相手は自分に好意や共感を持っていると感じるからです。逆に目をそらしたり、うつむいたりしていれば、※相手に避けられているようなネガティブなイメージを持たれるので気をつけましょう。

廊下などで、よく知らない社員とすれ違った場合は、朝なら「おはようございます」、それ以外の時間は軽い会釈でも構いません。続けているうちに顔見知りがどんどん増えていくはずです。

何回も挨拶をしているうちに、誰に対しても無意識のうちに気持ちのいい挨拶ができるようになります。

ポイント　気持ちのいい挨拶が社内人脈を広げる！

【注】小さい声でボソボソ、モゴモゴと声をかけるのもNG。

【挨拶】
“たった数秒”で印象が変わる、ひとつ上の挨拶のマナー

●「語先後礼」を意識する

わずか数秒にすぎない挨拶も、少し意識すると、さらに「この人、すごいな」「できるな」と好印象を与えられます。

まず意識してほしいのは、「**語先後礼**《ごせんごれい》」※ということ。「こんにちは」「ご無沙汰しております」などの**挨拶の言葉をまず発してから、次にお辞儀をする**。語が先で、礼が後、という所作です。

先に述べたように、しっかりと相手の目を見る挨拶が基本中の基本。言葉とお辞儀を一緒にすると、これが乱れます。相手によっては「適当だな」「失礼だな」と感じさせてしまいます。

だから、意識的に相手の目を見て「おはようございます」と言ってから、頭を下げたほうが美しく見えるわけです。

【注】実は想像以上に「挨拶の言葉を発しながら、同時にお辞儀する人」が多いもの。あらためて自分が挨拶している姿を意識してみよう。

もう一段、上級者を目指すならば、挨拶のお辞儀をしたあとは「**必ず相手よりあとに頭を上げる**」ことを意識しましょう。

お辞儀は相手への敬意を表す動作です。できるビジネスパーソンが必ず実践しているのが、エレベーターで別れる時に必ず「ドアが閉まるまで頭を下げ続けている」ということ。これは訪問された側も、する側も実践している人が多い。相手への敬意をわかりやすく表明できるし、やられるほうも決して悪い気はしない。むしろ「丁寧な人だ」と評価も得られるでしょう。

これを普段のちょっとした挨拶でも取り入れます。

同僚や取引先に挨拶する時も、ちょっとだけ相手よりあとにお辞儀の頭を上げる癖をつける。数秒でOKです。それだけで「丁寧な人」というポジティブな印象を相手に与えられる。たった数秒が、評価を大きく変えるかもしれないのです。

ポイント　相手より数秒だけ長くお辞儀をする癖を

【言葉遣い】

「だいたい」「少し」「ほとんど」…曖昧な表現は極力使わない

●約束を守る人は、「数字」で語る

社会人の基本マナーのひとつに「約束を守る」ことがあります。納期や締切はもちろんのこと、仕事の質や課題への解決策に至るまで、コトの大小にかかわらず、周囲から評価の高い人ほど約束に忠実なことが多い。ビジネス上の約束を守ることは、大きな信用につながるからです。

こうした〝約束を守る〟ことができる人には、ひとつの共通点があります。

曖昧《あいまい》な言葉を使わないことです。

「週明け〝なるべく早く〟企画書を送ります」ではなく、
「来週〝月曜日の午後1時まで〟には企画書を送ります」と言う。
「先月より〝少しでも〟売上が上がるように…」とは宣言せず、
「先月より少なくとも売上を〝10%UP〟させます」と具体的に示す。

数字などを入れて言葉を明確に伝えることを「メジャラブル」と言います。日本語にすると「測定可能になる」ということ。

「駅から遠い」と言われても、歩いてどれくらいの時間がかかるか見えてきませんよね。徒歩でいいのか、タクシーに乗ったほうがいいかもわからない。

しかし「駅から歩いて10分です」と言われたら、すべて解決します。5分ほど歩いたところで「あと半分だな」と推し量ることだってできます。

要するに、**時間や距離などの「数字」※でものごとを伝えると、やるべき仕事＝タスクの進捗《しんちょく》状況がきわめてクリアになる。**距離でも時間でも成果でも、現状とどれほどギャップがあるかが明確になるため、目標を達成しやすくなる。これが数字で考え、伝える習慣がある人が約束に厳格な理由です。

「だいたい」「ほとんど」「できるだけ」。こうした曖昧な言葉を使うのは控えましょう。それだけであなたの仕事と評価は変わってくるはずです。

ポイント　締切も目標設定も、約束は数字でクリアに

【注】
「○○円」「○日」「○時」「○％」。ひとまず明確な数字と単位で話す習慣をつけることが、できる人への第一歩に。

【話しかけ方】

上司に話しかける絶妙なタイミングとは？

●割いてほしい時間を具体的に伝えよう

　メールが当たり前になった現在、ビジネスパーソンに嫌われるのは「何かと電話してくる」人でしょう。無駄に人の時間を奪うことはビジネスの世界では最も嫌われることのひとつです。電話によって仕事を中断されると、元のペースに戻るまでに時間がかかり、長電話になれば予定も狂うからです。

　このような迷惑行為は、電話に限らず、社内の日常の中にも多々あります。典型は「この前、頼まれた書類をつくったので、チェックをお願いします」といった上司への依頼です。

　上司が何をしているのか気にせず、いきなり話しかける人は少なくありません。しかし、それはアポなし訪問のような暴力性すら感じさせます。こんな部下の指導など、できれば避けたいと思うのが上司の本音です。

できるビジネスパーソンの多くは、**まず上司を観察して、話しかけるタイミングをはかります**。上司の忙しくなさそうな時を見計らい「いま、10分ほどお時間よろしいですか※？　先日頼まれたAの件についてなのですが…」と具体的に割いてほしい時間と用件を伝えます。

時間がわかれば、即座に可否はわかります。また、内容を聞けば、上司も優先順位をつけて考えられます。

あらかじめ用件をまとめたメモなどを用意しておくなど、手短にわかりやすく説明できるように工夫する人もいます。重要なのは、できるだけ上司に時間を取らせないこと。

こうした配慮ができる部下とのやり取りには無駄がないため、上司は積極的に指導したくなるものです。手厚い指導を受け、ますますできるビジネスパーソンへと成長できるのです。

ポイント　「いま大丈夫か」を見計らい、たずねる

【注】「いま、大丈夫ですか？」と第一声で確認をとるのも大事なマナーで、かつ使いやすい。気を使いすぎて話しかけられない人もお試しを。

【仕事の取り組み】

できる・できないの差は「簡単な仕事」にこそ表れる

●ちょっとしたひと工夫が「武器」になる

できるだけ早く、大きな成果を出して、アピールしたい。そう意気込んでいる人は少なくないでしょう。

もっとも、いきなり大きな成果を出すのは、簡単ではありません。

周囲から高い評価を得るためには、まず小さな成果を数多く出すことを目指すのが、賢明なやり方です。

具体的に言えば、新人の頃ならば、資料作成、資料探し、データ入力、コピー取りなどの「雑用」をきちんと行いましょう。雑用は軽視されがちですが、それだけに**ひと工夫をするだけで、他の人と差をつける「武器」になります**。

例えば資料作成なら「指示されたことに加えて、見やすくなる工夫を提案する」、資料探しなら「指示されていないけれども、参考になりそうな資料も、念のためピックアップする」といったことです。

ただし、**「ひと工夫しなくてもいいから、とにかく早くやってほしい」**※**という場合もあるので、事前に確認**を取ってから行いましょう。

こうしたひと工夫を積み重ねていると、「彼（彼女）なら、質の高い仕事をしてくれる」「どんな仕事でもきちんとやる」と上司から信頼されるようになります。

すると、より高度な仕事を任せてもらえるようになり、ひいては大きな成果につながるというわけです。

これは上司に限らず、お客様や社内の他部署に対しても同じことが言えます。誰でもできるような簡単な仕事ほど、軽んじることなく、全力で行うことが大切です。

ポイント　小さな雑用こそ、ひと工夫を入れる！

【注】
ビジネスの場では、みんなが成果物のクオリティを求めているとは限らない。むしろ「クオリティよりスピード重視で」ということがよくある。

【整理】ファイル名のつけ方で、その人の気配り力がわかる

●「請求書」「参考」ではわからない

会社の上司や同僚、取引先が仕事をしやすくなるように気配りをすることも、大切なビジネスマナー。できるビジネスパーソンは、些《さ》細《さい》なことにも気を配っています。

例えば、ＰＤＦやＷｏｒｄなどのファイルをやり取りする時。「請求書」「参考」などとシンプルなファイル名をつけている人が少なくありませんが、これはビジネスマナーとしてはＮＧです。

なぜなら、相手が保存してあとで見ようとした時に、ファイル名を見ても、その中身が何なのかが判別できないからです。開いて中身を確認する、という無駄な手間を、相手にかけさせることになります。

ひと目で内容がわかるファイル名をつけるのが、できるビジネスパーソン

の常識です。例えば、A社に提出する見積書なら、

「20200101_A社様○○商品お見積書」

などと日付と内容を書いたファイル名にすれば、わかりやすいし、検索もしやすくなります。※もちろん、相手だけでなく自分にとっても便利です。

また、メールの署名にも、その人の気配りが表れます。署名には住所や郵便番号、URLなどをきちんと載せることが重要です。

なぜなら、その署名を見て、郵送物を送ったり、あなたの会社のサイトをチェックしたりする人がいるからです。名刺を調べるより、メールを検索したほうが早いので、署名を調べるのです。

こうした気配りができるかどうかを、周囲の人は意外と見ています。仕事で関わる相手がどのような行動を取るかを想像する努力をしましょう。

ポイント　**ファイル名やメールの署名、些細なことにこそ気を配る**

【注】スキャナーでスキャンしたPDFファイルや画像ファイルなどは「200314_0004589」「df000041」というように、無機質な数字や英語だけで構成されたファイル名のことも。そのまま送ると、混乱の元に…。

【仕事の意識】

ひとつ上、2つ上の職位で考えて仕事をする

●職位が上がっても、違和感がない

できるビジネスパーソンを目指す人は、ひとつ上、あるいは2つ上といった上の職位で考える癖をつけておくとよいでしょう。

物事を俯瞰《ふかん》できる広い視野を養えるからです。

例えば、会社が新規事業に参入した時、主任目線では「無駄な投資」に見えても、課長目線、部長目線では「必要な投資」に見えるといったことはよくあります。

また、例えば、部長の職位から、今の自分の職位を眺めれば、現状、どんな仕事のやり方、あるいは成果を求められるのかがはっきりしてきます。

ライバルとして競争していた隣の部署と連携して動く必要性などに気づくこともあるでしょう。

また、常に上位の役職者の意識で日々の仕事に取り組んでいれば、実際に上の職位に昇進しても、本人も周辺も違和感を抱きません。

昇進したら、今度は、さらに上の職位から物事を眺めます。一般に昇進したばかりの人※が、仕事に不慣れなために不安視されるのとは対照的です。

もっとも上の職位と言われても、その人たちが何をしているのか、よくわからないこともあるでしょう。できるビジネスパーソンでも、最初から上の職位の人の意識や働き方をわかっていたわけではありません。最初は、自分の上司の仕事を徹底的に観察することからスタートです。

実際に上司を観察すれば、部下に何を求めているのかがわかってくるので、上司が満足するような仕事ができるようになります。

上司から見れば、安心して仕事を任せられる部下として、一目置かれる存在になります。

ポイント　**自分の仕事のレベルも高くなる**

【注】上の職位を観察し、そのつもりで仕事をすると、実際にいまから磨いておくべきスキルや視座にも早くから気づける。未来の準備をひと足早くできる。

【働き方】
長時間労働は仕事ができない代名詞

●仕事が多い出世頭ほど早く帰る不思議

働き方改革の進展とともに、長時間労働は禁じられ※、早朝出勤、残業が簡単にはできなくなってきました。これまで、勤務時間外を使うことでようやく仕事を回してきた人たちにとっては大問題です。

気になるのは、自分たちよりももっと仕事量が多いにもかかわらず、早く帰っている人たちがいることでしょう。そうした人たちは、どのように仕事を回しているのでしょうか。

ポイントのひとつは、**仕事を一人で抱え込まないこと**です。仕事が早い人は、まず、仕事を俯瞰して、どの部署、どの人と一緒にやるべきか、あるいは任せればいいのかを考え、適材適所に仕事を振っていきます。だから仕事が早く進み、さらに多くの仕事をこなせるようになります。

【注】
IDカードで、入退室をチェックしたり、建物自体に入れなくするなど、企業はあの手この手で長時間労働防止に取り組んでいるが、個人の裁量でできることは多い。

それに対して、仕事が遅い人の典型は仕事の抱え込みです。不得意な分野も自分でやる結果となり、時間がかかり、スケジュールは遅れ気味。その段階になると、もはや他の人に手伝ってもらうわけにはいかなくなるわけです。

抱え込む人の中には、**質にこだわりすぎる**人もいます。質にこだわりすぎるほどプライドが高いため、人に頼めないわけです。

また、**頼まれたら断れない**といったケースもあります。結果として他の人のスケジュールに振り回され、自分の仕事をやる時間がなくなります。

あるいは、いいソフトやツールが登場しても、これまで使っていた古いシステムにこだわり、効率が悪くなっているといったケースもあります。

もし、こうしたケースに思い当たることがあれば、すぐに改善してください。早く帰れるようになるはずです。

ポイント 仕事が遅い理由をチェックする

コラム1　机は頭の中と同じ。整理整頓が思考の整理にもつながる

できる人のデスクは、なぜか必ず整理整頓されているものです。

考えてみると、当たり前なんですね。デスクが散らかっていると「何がどこにあるか」わからなくなり、資料などを探す手間が無駄にかかる。それだけ仕事が遅くなるのはもちろん、オフィスの美観も損ね、自分のみならず、同僚たちの気分も下げてしまいます。良いことが見当たりません。

机の中身は、頭の中身だと自覚しておきましょう。パソコンもデスクトップ上にたくさんファイルを展開させたり、無駄なデータをたくさん保存していると、ワーキングメモリを食われ、作業が遅くなります。それと同じで、**机がきれいなほど仕事が早くなり、思考もクリアになる**、というわけです。

そのためには、まず物をできるだけ減らしましょう。また、物の置き場所を決め、使い終わるたびに所定の位置に必ず戻すことを習慣づけるのも基本です。「1年間使わなかった資料は捨てる」などのルールをつくるのも手です。

2章

武器としての「身だしなみ」のマナー

【服装】

スーツ、ビジカジ…仕事の装いは「相手目線」で考える

●色や形やブランドより、大切なものがある

ビジネスはスーツスタイルで――。そんな前提が変わってきました。クールビズの浸透で、ノータイのビジカジスタイル[※1]が一般的に。もはや暑い日にスーツ姿でエアコンを利かせすぎるような働き方こそ、非難される時代です。

ただし、ビジネススタイルが多様になっても、変わらないマナーがあります。それは**清潔感のある着こなしを心がけること**。「だらしない格好だ」「よれよれだな」。そんな人に何かを頼んだり、買ったりしたくないからです。

心理学にはメラビアンの法則というものがあります。人は相手を判断する時、視覚情報が全体の55％を占め、聴覚情報が38％、話す内容はたった7％でしかないというもの。スーツでもポロシャツでも、不潔に見えたり、だらしなく見えたら、それだけでビジネスチャンスを失うリスクが高いわけです。

【注1】
ビジネスカジュアルの略。ジャケット＋パンツやポロシャツなどのカジュアル寄りのビジネススタイルのこと。

清潔感を感じさせる着こなしのポイントを3つあげましょう。

1つは「**ジャストフィットのサイズのものを着る**」こと。ジャケットなら肩が落ちたり、突っ張ったりしないものを。パンツなら丈《たけ》がゆるみすぎたり、太すぎたり、細すぎないものを選びましょう。可能な限り試着を。

2つ目は「**汚れやシワがない**」こと。きれいに洗濯した服を着るのはもちろん、シャツなどはシワのないよう形状記憶素材かこまめにアイロンがけを。

3つ目は細かいですが「**ジャケットの袖《そで》からシャツが見える**※2」こと。ジャケットの袖丈は手を下ろした時にくるぶしが隠れる程度、かつシャツの袖が1cmほどジャケットの袖から見えると清潔感が出て、美しく見えます。ショップ店員の着こなしが洗練されて見えるのは、実はこの袖口がポイントです。

いずれにしても、ビジネススタイルは「取引先や顧客からどう見られるか」という視点を持って相手目線で選ぶのが、できるビジネスパーソンです。

ポイント
サイズとシワと、袖口に気配りを

【注2】
諸説あるが、この着こなしのルーツは「もともとシャツが、上着を汗や脂で汚さないための〝肌着〟の役割を果たすものだったから」だという。

【バッグ】ビジネスバッグの持ち方・扱い方で信頼度に差が出る

●客先に上がった時、バッグはどこに置くべきか？

ビジネスに使うバッグも多様化が進んでいます。これまでならレザーかナイロンのブリーフケースかショルダーバッグが定番でしたが、いまはビジネスリュックやリュック・ショルダー・手持ちで使える3WAYバッグも主流に。自由度は増す一方ですが、選ぶ時※は「カジュアルすぎないレザーやナイロンのビジネスユースのバッグ」で「色は派手すぎない黒や茶、紺《こん》など」にすれば間違いないでしょう。

むしろバッグで気をつけたいのは、その「扱い方」です。

まずは取引先に伺った時。会議室で資料を取り出そうと、おもむろにテーブル上にバッグを置く…。これはNGです。多くのバッグの底にビョウが打ってあることでもわかるように、バッグはそもそも**床に置くことを前提につく**

【注】バッグ選びは「仕事帰り」がおすすめ。普段の仕事着とのコーディネートや、仕事で必要な道具が入るかなどをチェックできるからだ。

られています。靴やコートと同じく〝屋外〟で使うものだからです。

靴やコートをお客さまのテーブルの上に置いたなら、「汚い」「失礼だ」と思われても仕方がありません。**バッグをテーブルに上げることは、それと似た行為になるわけです**。商談の席などでは、バッグは自分の足元、椅子の横などに置いておくのがスマートです。ジャケットやビジネスシャツの時は、ショルダーやリュックも肩がけしないほうがいいでしょう。肩がけをしていると、ジャケットなどが着崩れて、どうしてもだらしなく見えがちだからです。移動中はともかく、**訪問先では、手持ちに変えておきます**。

電車での移動の際もバッグの扱いはスマートにいきましょう。リュックやショルダーは邪魔にならないよう、手持ちに変えてお腹に抱え込むように。座っている場合は、ヒザの上にのせるのがスタンダードです。ただし、大きいバッグなら横の人に気をつけましょう。

ポイント　バッグは「靴と同じ」と意識すべし

【靴下】見逃しがちな靴下にこそ気を配るべき理由

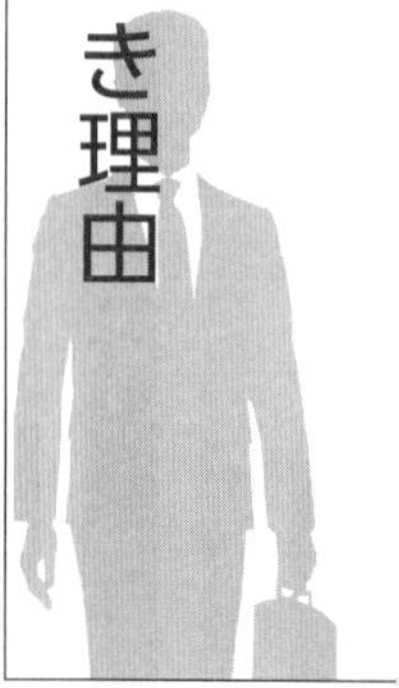

●ジャケットの色に合わせるのが基本

スーツやシャツに比べ、さほど重視されないファッションアイテムが靴下。特に男性は「ほとんど見えないし…」と無頓着な方が多いようです。

しかし、それはとても残念な認識です。細部にこそ人の目は向くもの。いくらスーツやシャツがビシッと決まっていても、例えば靴下が汚れていたり、服のコーディネートと合っていなければ、むしろ「悪目立ち」するからです。

また、靴下は実は女性からチェックが入りやすいアイテムでもあります。理由は、靴下がネクタイに次いで「女性が男性に贈るプレゼントとして人気のアイテム」だからです。**取引先や職場に女性が多いなら、なおさら靴下にこそ気を配る**のが正解。ちらりとしか見えないのにキマっていたら、「細部に気を抜かずに丁寧な仕事をするに違いない」と感じてもらえます。

では、どんな靴下を選べばいいのでしょうか。

色は「**その日の装いで最も大きな面積を占める色**」に合わせるのがスタンダードです。紺色のジャケットを着ているなら紺色の靴下。チャコールグレーのスーツなら黒やグレーなどを選べばコーディネートは万全です。

柄はシンプルな無地がオールマイティで使いやすいでしょう。柄モノを選ぶなら、同系色のチェックや目立たない程度にドットや千鳥格子《ちどりごうし》など控えめのほうがこなれて見えます。

最も気をつけたいのは、座った時に「すね毛が見えない」ような長さの靴下にすること。通常の長さなのに「思わず見えてしまったすね毛」はだらしなく見えます。それを避けるため、「仕事用の靴下はふくらはぎをすっぽり包む、ロングホーズ※の靴下しかはかない」と言う人もいるほどです。そこまでいかずとも、素足が見えない「長さ」に気をつけて購入しましょう。

ポイント　買う時は、色、柄、長さに要注意

【注】ロングホーズなど、長め丈の靴下はすね毛が見えないだけでなく、ズレ落ちにくいメリットも。

【ビジネス小物】名刺入れは最も個性をアピールできるアイテム

●あなたの印象を名刺入れが決定づける？

人の印象は初対面でほぼ決まります。

そう考えると、実はきわめて重要なビジネスアイテムが「名刺入れ」です。

名刺入れが登場するのは、たいてい初対面の相手と向き合う時。しかも、そのあと続くミーティングの間、名刺入れは机上《きじょう》に置かれたままです。要は靴やバッグなどより、初対面の相手の視界に入りやすい。結果、「やたら安っぽいもの使っているな」と名刺入れのせいで、悪い第一印象を与えてしまうかもしれない。逆もまたしかり、というわけです。

取引先に良い印象を残すために名刺入れも抜かりなく選びましょう。

素材はレザー製がおすすめです。強度でいえばナイロンや金属のほうが強いのですが、レザーの良さは「高級感」が出ること。加えて、使い込むほどに風合いが増してくる経年変化※のメリットもあります。美しく使い込まれたレザー製の名刺入れを商談の場で見せたら、「モノを大事に丁寧に使う人だ」「仕事も丁寧に違いない」と感じてもらえること請け合いです。

色は**黒や茶ではなく、あえて青、赤、緑など明るい色に挑戦する**のが、できるビジネスパーソン。靴やバッグ、そしてベルトを「黒や茶」で揃えるのがスタンダードなルール&マナーですが、普段はバッグの中に入っているだけの名刺入れはこのルールからは外れます。

それならば少しだけ個性を主張できるカラフルなものを選ぶほうが、相手に覚えてもらいやすくなります。加えて、カラフルな明るい色味の小物は、バッグの中で見つけやすいことも大きなメリットです。光が届かないバッグの中でも目立つ名刺入れは見つけやすい。とっさの名刺交換でも、スマートに名刺を出せる。第一印象はさらに高まります。

ポイント　靴やベルトと違って、派手めカラーをあえて

【注】使うほど味が出るのは表面がツルッとした「スムースレザー」。表面に凹凸がある型押し革は経年変化が表れにくい。逆に「ずっと新品のように使いたい」なら型押しを。

【髪型】

ヘアスタイルは額と耳まわりを重視する

●2週に1度、刈り上げだけする人も

ヘアスタイルも、できるビジネスパーソンのキーワードは「清潔感」です。

男性の場合は、ポイントは2つ。

まずはもみあげなどの「**耳まわりをスッキリ**」させること。耳に毛がかかっていたり、刈り上げが伸び切っていたりすると、それだけで清潔感が薄れます。例えば理容室や美容室に行くのは月に1度でも、耳まわりだけは2週に1度ほど、自宅でバリカンなどを使って整えるのも手。それだけで清潔感は随分キープできます。人によっては、2週間に1度、刈り上げだけのために理容室に通うビジネスパーソンもいるほどです。

2つ目は「**額《ひたい》を出す**」ことです。

額を出すと、見た目が明るくなると同時に、眉毛もはっきりと見えるようになります。すると、その人の表情がわかりやすくなる。表情が見えれば、感情がより伝わるため、対面相手との距離を縮めやすくなるわけです。前髪を下ろしてオシャレな髪型にしたい方もいるでしょうが、取引先や顧客と会う時は、前髪を上げて額を見せたほうが成果が出やすくなるでしょう。

女性の場合も、重視したいポイントは、額を出すこと、です。

あえて前髪を厚めに残すスタイルにする人も少なくないですが、眉毛が隠れると、やはり暗くなり、表情が見えなくなるので、オンタイムではあまり印象が良くありません。

そういう意味では、お手本になるのが**「女性アナウンサー」のヘアスタイル**。ニュースなどの報道番組に出ている時の女子アナのヘアは、髪型、カラー※ともに清潔感あるスタイルをしています。視聴者に悪い印象を持たれないように意識しているのでしょう。もちろん、しっかりと眉毛を出しています。

ポイント　男女ともに、額と眉毛を出すのがマスト

【注】ヘアカラーはかつてよりずっと自由度が増している。ただし、気をつけるべきは髪が伸びはじめて「プリン状」になること。清潔感が薄れる。

【シューズ】

靴の扱い方で「足元」を見られない人になる

●手入れの行き届いた靴は会話のきっかけにも

靴もビジカジの浸透でグッと選択肢が広がったアイテムです。いまは履きやすいスリッポンタイプやスニーカーなど多様な靴がオンタイムで活躍しています。しかし、できるビジネスパーソンなら、やはり1、2足はきれいな紐《ひも》付き革靴を用意しておきたいもの※。高価なブランドものである必要はありません。むしろ大切なのは「**きれいに磨かれている**」こと。手入れされていない靴を履いていると、モノを大切にしない、細部に気の利かない人と値踏みされることもあるからです。靴好きはエグゼクティブ層に多いもの。いい靴をきれいに履いているだけでビジネスにつながる可能性もあります。

ポイント 丁寧に磨いて履く。レースアップシューズを最低1足

【注】1足選ぶなら、万能に合わせやすい黒い革靴が基本。紐付きのレースアップシューズに。ソールは革製が本格派だがラバーのほうが歩きやすい。

覚えておきたい靴磨きの基本

①汚れとクリームを落とす

靴磨きは化粧にたとえられる。化粧でもしっかり洗顔して汚れを落とした「スッピン」状態になってから始める。まず馬毛のブラシで、靴全体についたホコリやゴミを落とす。その後、靴に残った古いクリームを落とす水性のクリーナーを、コットンネルに3、4滴ほどつけて靴全体をなでまわすように拭《ふ》いていく。塗っていくうちに、いったんしっとりとした靴の表面が乾いてきたら終わり。

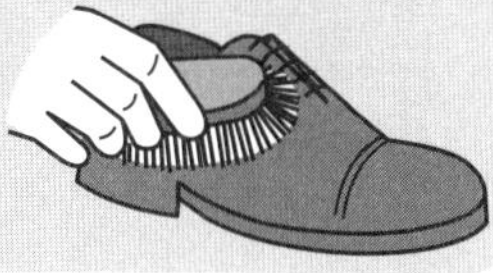

②シュークリームを塗る

スッピンになった靴に、今度は保湿のためシュークリーム（乳化性クリーム）を塗る。気をつけたいのは、多くの人が、シュークリームをべったりと大量に塗りがちなこと。しかし、指に巻きつけたコットンネルの先に、片足につき、だいたい10円玉大を薄くつける程度で十分だ。保湿に加えて、シュークリームは補色の役割も担う。無色のニュートラルなクリームもあるが、黒革なら黒いクリーム、茶なら茶色を選ぼう。茶の場合、靴の色よりやや薄いものを選ぶと間違いがない。

③ブラッシングをして仕上げ

シュークリームを布で塗りつけただけでは「ただ塗った」状態でしかない。これを靴全体になじませる必要がある。そこでブラッシング。今度はコシのある豚毛のブラシを使おう。イメージとしては毛穴にクリームを染み込ませる感じだ。ブラッシング後は乾《から》拭《ぶ》き。また新しいコットンネルを指に巻き、今度は何もつけずに靴全体を拭こう。これだけで保湿と補色は完璧。

【持ち物】できる人のバッグの中に入っているもの

●「マイ靴べら」を持つ意義とは？

スマホが普及したいま、かつてよりバッグの中にあれこれとモノを入れる人は増えたはず。しかし、できるビジネスパーソンは、そんな中にもキラリと光る、隠し球のようなグッズを持ち歩いているものです。

例えば「**予備の名刺入れ**」。

「名刺入れ」は社会人の必須グッズですが、これをメインと予備の2つ持ち歩くというもの。なぜか？　意外とあるのが、オフィスに片方を置き忘れたり、配りすぎて名刺がなくなった！　という事態。そんな時に予備の名刺入れがあれば、慌てず騒がず名刺交換できます。備えあれば憂いなし、です。

生保や不動産販売業など、一般家庭に上がる可能性が高い営業パーソンなどでバッグにしのばせている人が多いのが「**携帯用の靴べら**」です。

理由は、お客様の家から帰る時、玄関でスマートにすっと靴が履けるため。

もちろん伺ったお宅に靴べらがあることは多いでしょうが、訪問先のお宅のモノをできるだけお借りしない心遣いも示せます。

心遣いという意味では「**絆創膏**《ばんそうこう》」や「**スマホの充電器**」も定番です。

絆創膏は出先で自分がケガをした時などに使えるのはもちろん、社内で誰かがケガをした時などにすっと出すと、実にスマート。準備の良さが光ります。スマホの充電器も自分はもちろん、誰かに貸すことも大いにあり得ます。※

また使い勝手の良さでいえば「**コンビニのレジ袋**」もおすすめです。

仕事帰りに買い物した時はエコバッグ替わりになるし、雨の時は濡れた折りたたみ傘を入れる袋にもなります。携帯性も高いので、一枚入れておくといいでしょう。

ポイント　自分だけじゃなく、誰かにとって便利なモノを

【注】
中にはアンドロイドユーザーにもかかわらず、iPhoneユーザーのためにLightningケーブル用の変換コネクタを常に持ち歩く人も。

コラム2 仕事においてはマスクを外すのがマナーか？

マスク着用は「マナー」なのか「マナー違反」なのか、賛否が分かれます。2020年の新型コロナウイルス騒ぎの影響で、当分は「マスク着用はマナー」派に軍配が上がりそうです。これを機にマスクの常識は変わるかもしれませんが、現状、ビジネスの世界ではマスク着用はマナー違反だと考えられていることは覚えておきましょう。特に初対面の相手の場合はそうなります。

理由は、マスクで顔が半分隠れて表情が見えなくなるからです。ビジネスとは、お金に関する取り決めをする重大な場。「この人を信用して大丈夫か」を判断する上で、顔の表情はきわめて重要です。だから、顔の表情を隠すマスク着用は失礼だとなるわけです。もちろんマスクには、様々な効用があるのも事実。だから、「風邪気味なのでマスクで失礼いたします」などと断ってからマスクを着用すれば大丈夫です。

重要なのは、マスク着用が失礼なのは十分承知している上で相手にうつしたり不快な思いをさせることを防ぐため、マスクを着用していると伝えることです。

3章

武器としての「初対面・来客対応」のマナー

【来客】
お客様をお迎えに上がる際の注意点

●ギリギリまで仕事していませんか？

セキュリティなどの関係で、お客様をエントランスまで迎えに行くタイプの受付が増えました。自分のお客様を迎えに行くこともあれば、上司のお客様のお迎えを頼まれることもあるでしょう。

多くの人がやりがちなのは、受付から電話がかかってくるギリギリまで仕事をすること。1分1秒も無駄にしたくない気持ちはわかります。でも、結果として上司に呼ばれたり、電話がかかってくるなどして出るのが遅れ、お客様を長く待たせてしまうことになりがちです。まずはお客様第一の視点で考えてみましょう。

お迎えするにあたっての最優先はスピードです。来客が多い会社では、受付に行列ができていることもあります。受付で待たされ、さらに迎えが来るまで待たされれば、お客様は疲れてしまいます。だから迅速な迎えが大切なのです。

アポイントの時間はわかっているので、10分前、あるいは15分くらい前から、すぐに動けるようにジャケットを着たり、名刺や資料など必要な持ち物をまとめておきます。また、この時間帯にかかってくる電話は他の人に任せましょう。長電話になれば、お客様を待たせてしまうからです。最重要のお客様の出迎えの場合は、エントランスで待つほうがいいかもしれません。

お客様への第一声は「お待たせいたしました」※がよいでしょう。あわせて、「本日はご足労いただきありがとうございます」など、こちらまで来てくれたことへの感謝の言葉も伝えます。もし、お客様が、自分の会社の他のメンバーと一緒に仕事をしている場合は、「いつも○○がお世話になっております」とお礼を言いましょう。共通の話題ができたことで、距離がグッと近くなることもあります。

ポイント　エントランスで待つ気配りも

【注】エントランスに待機するなど、待たせない場合は、歓迎の意を込めて「お待ちしておりました」を使うのもよい。

【お辞儀】

三種のお辞儀を使い分ける

●「会釈」と「敬礼」の違いとは？

映画のワンシーンやモノマネなどで外国人が日本人を表す時によく使われるのが「お辞儀」です。日本人は、それほど頻繁にお辞儀をしているのでしょう。

どうせお辞儀をするのなら、お辞儀の効能もしっかり押さえておきたいものです。実際、できるビジネスパーソンなら、お客様の心をがっちりつかむツールとしてお辞儀を効果的に使い分けています。

まず知っておきたいのは、お辞儀の種類と使い方です。お辞儀の種類は大きく分けて3つあります。

最も頻繁に使われるのは角度15度に腰を曲げる「**会釈**《えしゃく》」です。近所の人や会社にやってきたお客様などとすれ違った時に軽く頭を下げるお辞儀で、外国人が真似る「ドーモ、ドーモ」と言いながらのお辞儀も「会釈」です。

2つ目は30度の「**敬礼**」と呼ばれるお辞儀です。小学校や中学校などでの先生への挨拶「起立・礼・着席」の時のお辞儀がそれです。また、百貨店やスーパーマーケットなどが開店直後に行う、店員がずらりと並んでお客様に挨拶するのも「敬礼」です。一般にお客様を迎えたり、送ったりする時に使われます。

そして3つ目が角度45度の「**最敬礼**」と呼ばれるお辞儀で、謝罪とお礼に使われます。謝罪会見などで、経営者や芸能人などが「申し訳ありません」と頭を下げるシーンがありますが、その時のお辞儀が最敬礼です。

頭を下げる角度が少し変わるだけで印象がガラリと変わります。用途・効能を知っていれば、感謝や謝罪の度合いによって、ふさわしいお辞儀の使い分け※ができ、より相手に気持ちを伝えられます。

ポイント　状況に応じてお辞儀の深さを使い分ける

【注】ちょっとしたお礼に45度のお辞儀をされたら、嫌味に感じたり、卑屈に見えたりする。大切なのはTPOに合ったお辞儀をすることだ。

【名刺交換】

名刺交換にその人のビジネス力が集約される

●基本は「訪問した側」から渡すが…

来訪者が初対面だった場合、欠かせないのが名刺交換です。

名刺交換は「**目下の人から目上の人に渡す**」のが基本所作。

ただし、ここで言う目上とは年齢や地位ではありません。わかりやすいのは「仕事を頼む側（お金を払う側）」のこと。また訪問された場合ならば「訪問された側」が目上、「訪問した側」が目下です。

悩むのが、複数対複数の名刺交換の順番でしょう。

例えば「自分」と「上司」が「取引先の上司」と「取引先の担当者」を訪ねた場合。まず訪問先が目上なのは当然ですが、社内では役職が目上・目下を決めます。なので、①「上司と取引先の上司」、②「自分と取引先の上司」、③「上司と取引先の担当者」、④「自分と取引先の担当者」の順で交換するのが正解です。場合によって、①と④、②と③を同時並行で済ませるスタイルもあるので、そこは柔軟に。

実際に名刺交換する時には、**テーブル越しではなく渡す相手に近づいて丁寧に**、を意識します。両手で名刺を差し出し、「○○と申します。よろしくお願いいたします」と言ってお辞儀をします。名刺を受け取る時には、「頂戴します」と言って両手で名刺を受け取り、名前を確認します。

もし、珍しい字で聞き取れなかったりした場合は、何と読むのか確認を。ただ「名前を確認したいから」というわけではありません。「珍しいお名前ですね?」「どちらのご出身なのですか?」とちょっとしたアイスブレイクのチャンスになるからです。「西牟田さんって、鹿児島ですか?」などと、名字にまつわる雑談のストックを持っていると役立ちます。

名刺を切らさないよう、名刺入れに余分に名刺を入れておくのは基本※。万一切れた時は「あいにく切らしてしまい」と丁寧に謝り、後日郵送します。

ポイント　名刺は訪問した側が先。会話のきっかけもつかむ

【注】できる営業パーソンの中には自分の名刺のみならず同行する同僚の名刺を複数枚持つ人も。同行者が忘れた時にフォローするためだ。

【自己紹介】

自己紹介で重要なのは自分をアピールすること？

●自己紹介で好印象に見せるコツ

入社、異動、転勤、退職をはじめ、会社では人の移動がつきものです。それにともなって、必要となるのが自己紹介。何を話していいのかわからないから自己紹介は苦手という人がいる一方で、上手な自己紹介で周辺の人を魅了していく人もいます。その差はどこにあるのでしょうか？

それは**何のための集まりで、何のための自己紹介なのかを意識しているか否か**、です。

話の内容※に凝る前に、こうした自己紹介の基本を守りましょう。また、与えられた時間をオーバーして長々と話せば、それだけで印象は悪くなります。

例えば同じ歓迎会でも、「新人の歓迎会」と「転勤先での自分の歓迎会」では話す内容は、当然異なります。新人の歓迎会では、新人のサポート役と

【注】
自慢話、ネガティブなだけの話、ウケを狙った話、批判的な話などを自己紹介で使うのはNG。

しての立場からの自己紹介になるし、自分のための歓迎会なら、自分という人間を知ってもらうための自己紹介になります。このように自己紹介のルールに則るだけで好感度は上がることはあっても、下がることはありません。

話のネタがなくて困るという人は、まずは、自分のキャッチフレーズをつくってみましょう。春生まれだから春生（はるお）といった名前の由来、出身地、趣味、「友達からは、こう評価されます」など、ネタは何でも構いません。それを使ってキャッチフレーズの長いバージョン、短いバージョンなどをあらかじめ用意しておけば、突然、自己紹介をすることになっても慌てずに済みます。もちろん、記憶にも残りやすくなります。

自己紹介の順番は、挨拶（はじめましてなど）→名乗り（自分の名前など）→挨拶（よろしくお願いいたしますなど）→これからの意気込み、が基本です。ネガティブな話とポジティブな話を入れたい時には、ポジティブな話をあとに持ってくるのも基本です。

ポイント　**最後はポジティブな話で締める**

【部屋への通し方】

応接室などのドアの開け方のマナー

●応接室でのドア使いのマナー

ベテラン社員でも時に迷うのが「ドアの開け閉め」のふるまいです。

来客があって、お客様を応接室へ。さて、ドアはどう開けて、自分はどこに身を置くのか…、意外に正解を知らない人が多いものです。

そもそもドアそのものの仕組みも、ドアノブを引いて開けるタイプの「外開き」と、ノブを押して開ける「内開き」、さらには「引き戸タイプ」まであり、混乱しがちな面もあります。

ひとつずつ説明しましょう。

まずドアノブを引いて開く「外開き」ドアの場合。このタイプは最もオーソドックスなマナーとなり、案内するあなたがノックをした後、ドアを引き開け、片手でドアノブを握ったまま、「どうぞお入りください」の声とともに反対側の手を応接室の中へいざなうように差し出して、お客様を先に入室させます。その後、あなたも入室して、静かにドアを閉めます。

ところが「内開き」になると少し変則的です。ドアを押して開く仕組みなので、ドアノブを握って開けたあなたがお客様を先に入れようとすると渋滞になってしまいます。そこで内開きの場合は、ドアを押して開けると同時に、あなたが先に応接室へ入りましょう。そして部屋の中からドアを押さえて、あとからお客様に入室してもらうのです。

「引き戸」の場合は、入室の場合も退室の場合も、教科書通りに、あなたが扉を開けて、閉まらないように押さえて、お客様に通っていただきます。※

ややこしいマナーですが、タクシーに乗る時や、レストランに入る時など、ドアをさっと開けて同行者を先に通す仕草は洗練されて見えます。ビジネスシーンでもそれは同じ。ぜひ身につけておきましょう。

ポイント 「外開き」と「内開き」でマナーは異なる！

【注】
退室の場合、「内開き」と「外開き」が逆の手順に。内開きはドアを開けたあと、お客様を先に退出させ、外開きは、あなたが先に出て、ドアを開けておく。

【商談】
商談後、お客様より先に席を立たない

●応接室で商談が終わったら…

お客様を迎えた時、最も難しいのが話の切り上げです。特に話が盛り上がった時に、「そろそろ時間なので…」とは言いにくいし、実際、それは失礼にあたります。

予定がある場合は、アポの段階で、あらかじめ「商談の時間は1時間」とか、「16時以降は外出の予定がある」「次の来客予定が入っている」などと、時間延長は難しいことを伝えておく※といいでしょう。あとは時計をチラリと見るだけで、たいていは気づいてくれます。また、現在は、応接室や会議室が予約制を取っているところも多く、時間が来れば「次の予約があるので」と退出を促さざるを得ないケースもあります。そうしたルールの会社は増えているので切り出しやすいとも言えます。

【注】あらかじめ時間がわかっていれば、その時間内で話を収めるのができるビジネスパーソンです。

商談が終わったら、「本日はありがとうございました」などと締めくくりの挨拶をします。また、応接室の使用が時間切れになった場合は、途中での退出になったことを詫びます。その後、お客様が名刺をしまったり、荷物などをまとめるのを待ちます。この時、立ち上がって待つのはマナー違反。いかにも早く帰ってほしいと、退出を促しているように見えるからです。

準備が整うまでは、全員が座って待つのが礼儀です。お客様が立ち上がったあとにはお見送りがあるので、その時、すぐに一緒に動けるように、自分たちの荷物もまとめておきます。お客様が立ち上がったら、自分たちも立ち上がります。寒い時期には、ここでコートを着てもらうように促します。

準備ができたら、お客様、役職の上の人という順番で退出します。お見送りは自社ビルならばエントランスまでが基本。テナントビルならエレベーターホールまでしっかりとお見送りしましょう。

ポイント　退出のタイミングを決めるのはお客様、が基本

【エレベーター】
エレベーターでのふるまいにも注意

●エレベーターでは扉が閉まるまで頭を下げておく

エレベーターまわりには様々なマナーがあります。

まず覚えておきたいのは「商談後のエレベーターホールでのマナー」です。

お客様をエレベーターホールまでお見送りする時には、**自分たちがお客様の前を歩いて先導**します。ホールに着いたら、エレベーターのスイッチを押し、エレベーターの到着を待ちます。この時、無言だと気まずいのでこちらから雑談をふるのがいいでしょう。

エレベーターが到着したら、まず混雑具合などをチェックします。あまりに混んでいる場合は、次のエレベーターが来るまで待っていただきます。

お客様が乗ったところで、わざわざ訪問してくれたことへの感謝の言葉を述べ、**エレベーターの扉が閉まるまで最敬礼のお辞儀をします**※。

【注】
エレベーターにお客様と一緒に乗る場合は、エレベーターの操作をする必要があるので、先に乗るのは自分。降りる時にはお客様が先。

逆に、こちらが客先を訪れた場合は、エレベーターにもある「席次」に注意しましょう。

エレベーターの「最上座」は、操作盤があるなしにかかわらず、出入り口から見て左奥になります。そして最下座は、言うまでもなく乗り降りのボタンを押す操作盤の前です。

上司や取引先とエレベーターに乗ったら、操作盤の前に立ち、「開く」ボタンを押し続けつつ、降りる階のボタンを押すのが、正しいふるまいになるわけです。

エレベーター内での上座・下座

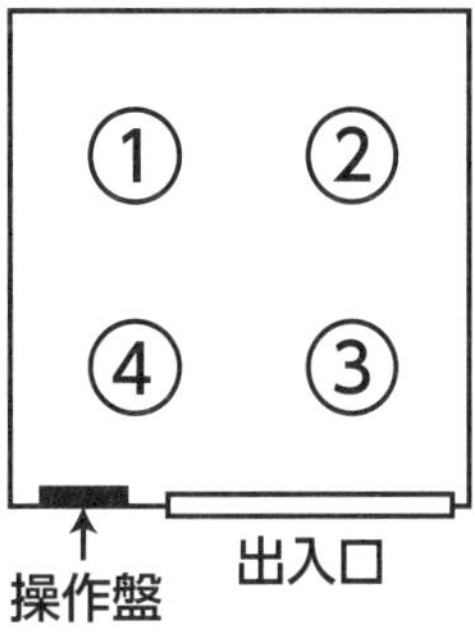

ポイント

エレベーターホールでの会話は親しくなるチャンス

【上座と下座】

トイレにも席次が? 様々なシーンでの上座・下座

●原則を知った上で柔軟な対応を

社会人になると気づかされるのが、いろいろなものに「席次」があること。応接室、会議室、レストラン、新幹線やタクシーなどの乗り物、エレベーター…すべてに上座と下座があります。

もっとも、一つひとつを細かく覚える必要はありません。席次には大まかなルールがあるからです。応接間でも、レストランの個室でも、**入り口から一番遠い席が上席**になります。新幹線や飛行機などの乗り物では、窓側が上席になります。応接室でも、入り口から遠い席には、窓があるケースが多いでしょう。

驚くことにトイレにも席次があります。この場合も、席次はルール通り。入り口に近いトイレが下座、最も離れたトイレが上座になります。

もっとも、企業によっては、入り口に最も近いトイレをお客様のためにあけているところもあるそうです。急いでいるかもしれないので、入り口に近いトイレは、お客様のためにあけておこうというわけです。このように、ルールは絶対ではありません。お客様のためにこうしたほうがいいと思えば変えるといった柔軟な対応も必要です。

一方、同じ自動車でも、タクシーの場合は助手席が末席※ですが、**上司や取引先が運転する場合は助手席が上席**になります。プライベートで自動車に乗る時を想像すれば、助手席が上席であることは理解できるでしょう。しかし、席次をやみくもに暗記するだけでは、タクシーと同様に助手席が末席だと勘違いをして自分が座ってしまうかもしれません。席次を理解することは大切ですが、硬直的な発想に陥らないように注意しましょう。

ポイント　時にはルールに縛られない柔軟な対応も大切

【注】タクシーの上席は運転手の後ろの奥の席。ただし、席次のルールを守ろうとして、足が不自由な人を奥に座らせてしまうことに注意。臨機応変に考える柔軟性も重要。

和室❶

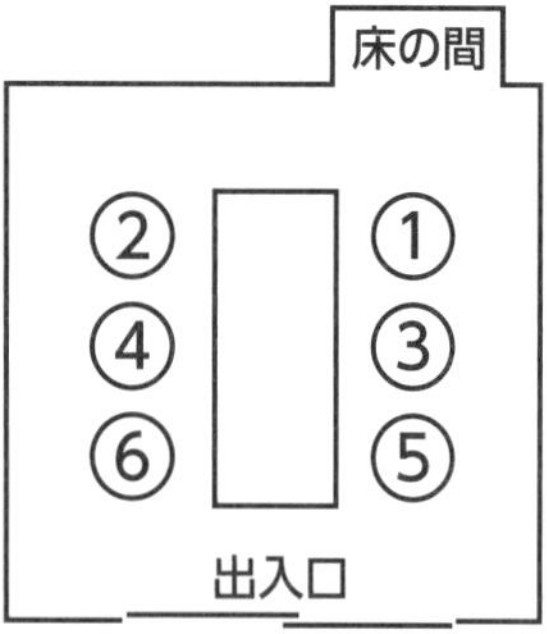

入り口から遠く、床の間に近い席が上座。

和室❷

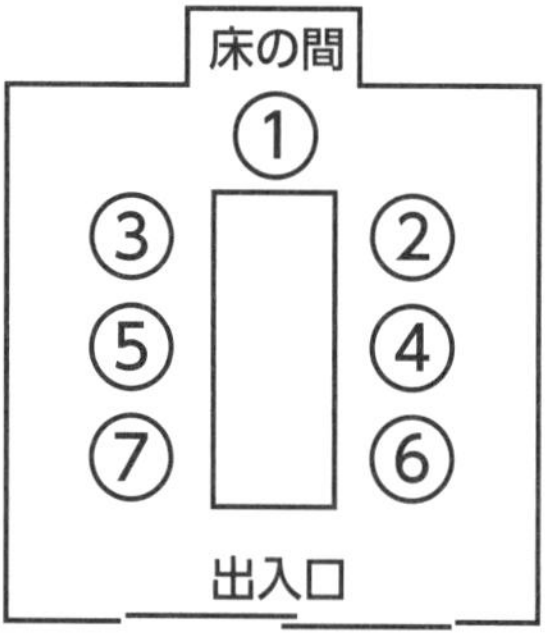

床の間が真ん中にあれば、床の間を背にする席が上座。

車❶

タクシーなど運転手がいる場合は、運転手の後ろが上座。

車❷

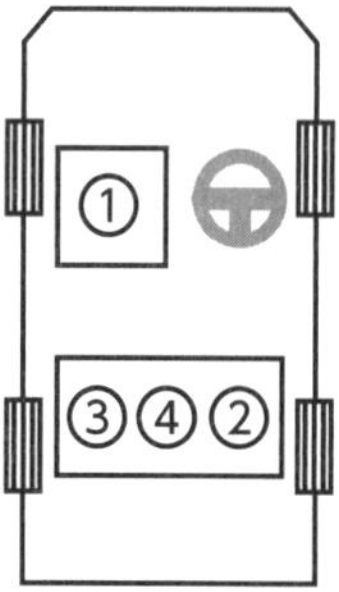

上司や取引先が運転する場合は助手席が上座になる。

新幹線

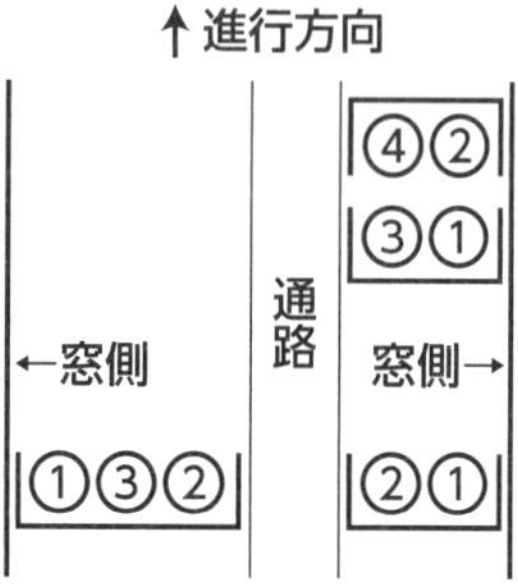

窓側の席が上座。２名席と３名席であれば、２名席のほうが上座。

様々なシーンでの上座・下座

応接室❶

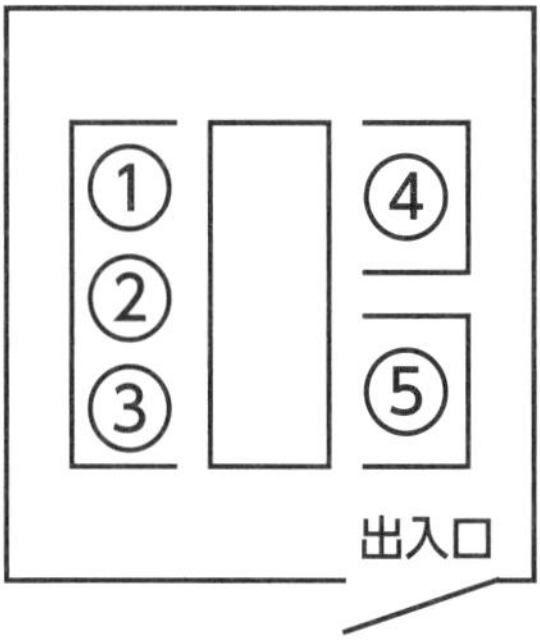

入り口から遠い席が上座。
１人掛けと長椅子では、
長椅子が上座。

応接室❷

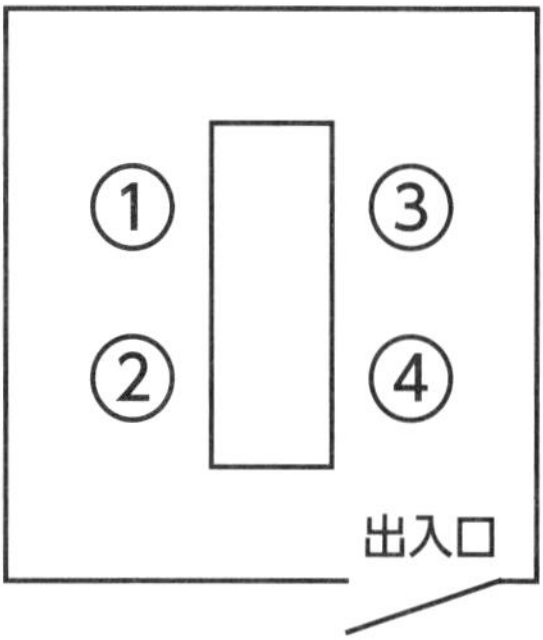

入り口から遠い席が上座。
出口に近いほど下座。

応接室❸

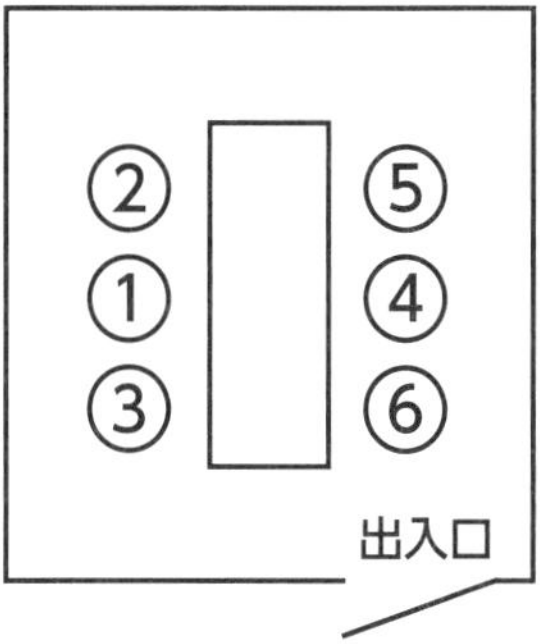

入り口から遠い側の真ん中が上座。

応接室❹

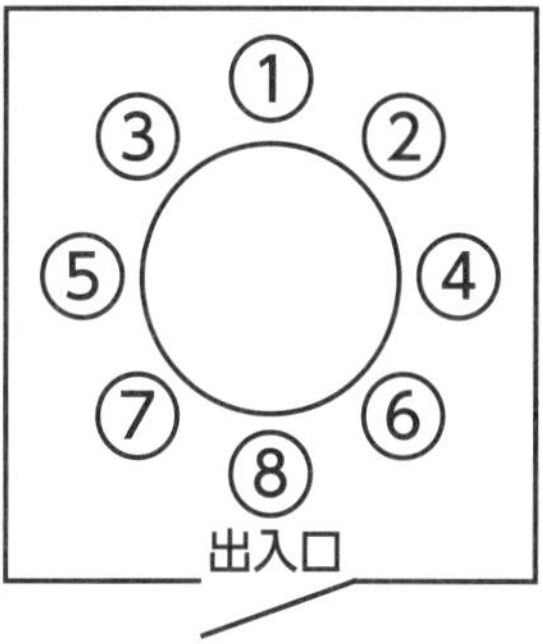

入り口から遠い席が上座。
入り口に近いほど下座。
入り口が真ん中なら最上座から見て左側が２番目。

コラム3

「道に迷った」と電話が来たら、必ず最初に伝えるべきこと

「これから伺う予定なのですが迷ってしまい…。道を教えてもらえますか？」あなたのオフィスに来訪する予定の方からこのような電話がかかってきた時、まず意識したいアクションは次の2つです。

1つ目は「**いま、どこにいるか**」を確認すること。「最寄り駅」なのか、迷ってたどり着いた「コンビニなどの前」なのかを明確に教えてもらいましょう。

その上で2つ目のアクションとして、「そこからならば5分ほど歩くと弊社に着きます」と、**おおよその所要時間を先に伝える**と、とても気が利くと思われます。

なぜか？　時間がわかれば、だいたいの距離が相手に伝わり、お客様は安心感がグッと高まります。また「そこから5分」と言われたのに、10分以上かけて歩き続けていたら、「また迷った」ともすぐわかるからです。

こうしたケースでも、できるビジネスパーソンはソツなくコミュニケーションが取れるものです。

4章 武器としての「電話・メール・チャット」のマナー

【連絡手段】

多様な連絡ツール。どう使い分ける?

●メール、チャット、テレカン、電話…。使い分け方は?

ビジネスチャットやWeb会議ツール※など、ビジネスで用いられるコミュニケーションツールが増えました。**これらを状況・用途に合わせて適切に使い分ける**ことが、ビジネスパーソンに求められるようになったわけです。

複雑な相談ごとは対面かWeb会議が適していますが、簡単な相談ごとならチャットが最適な場合が多いでしょう。記録を残すならメールかチャット。電話は嫌われていますが、すぐに連絡を取りたい時は電話も使うべきです。

ただし、単に長所・短所で選ぶだけでは足りません。大切なのは、**相手の好む方法でやり取りすること**。例えば、電話を多用する人なら、こちらも電話を使えば、コミュニケーションが円滑になるはずです

ポイント　ツールの使い分けは相手の好みも考慮せよ!

【注】ビジネスチャットはSlack《スラック》やチャットワークなど、Web会議ツールではZoomやTeamsがよく使われる。Web会議はテレカン(テレビカンファレンス)とも言われる。

コミュニケーションツールの長所・短所

	メリット	デメリット
メール	●記録を残せる ●相手の時間を奪いにくい ●情報共有しやすい ●一度に多くの人とやり取りできる	●真意・感情が伝わりづらい ●対面より時間がかかることがある
チャット	●記録を残せる ●簡単・手軽に送れる ●情報共有しやすい ●一度に多くの人とやり取りできる	●真意・感情が伝わりづらい ●やり取りが過度になりやすく、相手の時間を奪う ●謝罪のようなあらたまったコミュニケーションには向かない
Web会議	●比較的、真意・感情が伝わりやすい ●一度に多くの人とやり取りできる ●すぐ始められる ●記録が残せる	●通信環境によってはストレスがたまる ●相手の時間を奪う ●複数で行う場合は日程調整が必要
電話	●メールよりは真意・感情が伝わりやすい ●手軽にできる	●記録に残しづらい ●相手の時間を奪う
対面	●最も真意・感情が伝わりやすい	●場合によっては実施までに時間がかかる ●時間がかかることが多い(移動も含めて)

【電話】できる人は電話応対が抜かりない

●社内の人間に対して敬語を使わない

ビジネス上のやり取りは、いまやメールが主体。しかし、電話もまだまだ活用されています。若い人は電話に苦手意識を持っている人が多いようですが、仕事をする上で避けては通れません。正しい電話マナーを身につけた人はそれだけできちんとして見えるので、場数をこなして慣れていきましょう。

電話を受ける時の手順やマナーを左にまとめました。社会人になりたての人に多いのは、「○○さん[※1]はただいま外出されています」と、社内の人間に敬称をつけたり、尊敬語[※2]を使うこと。「○○はただいま外出しております」など**「身内は呼び捨て」にして、「謙譲語」を使う**のが正しいマナーです。

ポイント　電話応対の基本ステップを覚えよう！

【注1】身内に「○○課長」と役職をつけるのもNG。つけるとしたら「課長の○○」と前にする。

【注2】尊敬語は相手を高める言葉であり、謙譲語は自分たちを低めることで相対的に相手を高める言葉。

電話応対の基本的なステップ

あなた：はい、X社です。

相手を待たせないよう、3コール以内に出るのが望ましい。ただ、鳴った瞬間に取ると相手がビックリするので、1コールぐらいがちょうどよい。

↓

相手：お世話になっております。Y社の佐藤です。

↓

あなた：(いつも)お世話になっております。

↓

相手：鈴木さんはいらっしゃいますか？

↓

鈴木さんがいる場合

あなた：ただいまおつなぎいたしますので、少々お待ちくださいますでしょうか。

「少々お待ちください」が一般的だが、これぐらい丁寧に言ったほうが印象はよい。

鈴木さんが外出している場合

あなた：鈴木はただいま外出しておりまして、16時に戻る予定です。戻り次第、お電話を差し上げるよう、申し伝えます。

「電話させます」だとやや乱暴なので、「お電話を差し上げます」。「伝えます」でも構わないが、「申し伝えます」のほうがビジネスシーンにふさわしい。

鈴木さんが休みを取っている場合

あなた：本日、鈴木は休みを取っております。

「お休みをいただいています」と言いがちだが、お客から休みをもらっているわけではないので、間違い。

電話の相手が聞き慣れない人の場合

あなた：念のため、お電話番号を頂戴してもよろしいでしょうか？

番号を聞いたら、名前と電話番号を復唱する。

伝言を聞き終わったら

あなた：ご伝言を承《うけたまわ》りました。私は○○と申します。

責任を持って伝言を伝えることを示すために、名を名乗る。

電話を切る時

あなた：失礼いたします。

かけた相手より先に切ってはいけない。受話器を乱暴に置くと相手にその音が伝わることがあるので、受話器を持っていないほうの手でそっと切る。

【電話】スマホ時代ならではの電話マナーとは？

●静かな場所からかけるのが鉄則

電話をかける時、多くの場合は、自分か相手、もしくは両方が携帯電話を使っていることでしょう。

自分が外出先から携帯電話でかける時に心がけたいのは、周囲に人がいない静かな場所からかけることです。

電車のホームのような騒がしい場所からかけると、声が聞き取りにくくなって、会話に誤解が生じたり、相手に不快な思いをさせます。また、会話を第三者に聞かれて、会社の機密事項が漏れたら一大事です[※1]。

相手からかかってきた電話に出られなかった場合は、できるだけ速《すみ》やかにかけ直しましょう。ただし、いくら急いでいても、騒がしいところからかけ直すのはＮＧです。

【注1】
街中やカフェ、電車の中で大声で話している人もいるが、それもNG。

相手の携帯電話にかける時は、**用件を話し始める前に「いま、よろしいでしょうか?」と相手の状況をたずねます**。相手が「移動中だけど、ひとまず電話を取った」ということがあるからです。

相手が名前を名乗らなかった場合は、「○○さんの携帯電話でよろしいでしょうか?」と一応確認しましょう。いきなり用件を話し始めたら、かけ間違えで「見ず知らずの人だった…」という可能性もあります。

もし途中で電話が切れてしまったら、かけたほうからかけ直すのが基本です。相手の電波やミスで切れたと思っても、もしかすると、こちらの問題かもしれません。「先ほどは電話が切れてしまい、失礼いたしました」と謝りましょう。

悩む人も多い**「電話を切るタイミング」は、お客様がどちらかに関係なく、かけたほうから**でOK[※2]です。

ポイント　電話をかける時は、相手の状況を考えて!

【注2】「速やかにかけ直す」「電話が切れたら、かけたほうからかけ直す」「電話を切るのはかけたほうから」などは、どちらかが固定電話の時でも同じだ。

【メール】相手をイラ立たせるメールに注意!!

●読み手の時間を奪うメールは書かない

メールに何をどう書くか、によっても、できる人か否かの差は見えるもの。

まずは短時間ですぐに読める「**シンプルな文面**」**を心がける**のが正解です。※ダラダラとした長文や、まわりくどい文章は、読み手の時間を無駄に奪い、イラッとさせます。左図のように、飾らずシンプルにまとめましょう。

その他、相手をイラ立たせるメールの特徴は「カタカナ語や専門用語が多く気取って見える」「丁寧すぎて、むしろ慇懃《いんぎん》無礼《ぶれい》に感じる」などがあります。

電話や対面と違って、表情や声のトーンで相手の感情が見えないのがメールの怖いところ。こうした表現は使わないように注意したいものです。

ポイント とにかく、伝えたいことをシンプルに書く

【注】「ビジネスメール実態調査2019」（一般社団法人日本ビジネスメール協会）によると、ビジネスメールがうまいと感じた内容の1位が「文章が簡潔でわかりやすい」（76・31％）だった。

ビジネスメールはわかりやすさ重視で

To: 株式会社●●　佐藤様

①アドレス帳に敬称とともに登録しておく。

Cc:

件名：【Aプロジェクト】打ち合わせ日時の件

②件名を明確に書く。メールを開く前から、何について書かれているかわかるように。

株式会社●●
佐藤様

お世話になっております。
▲▲の鈴木です。

Aプロジェクト、次回の弊社での打ち合わせですが、
以下のいずれかでいかがでしょうか？

・3月30日（月）13時～14時
・3月31日（火）13時～14時
・4月1日（水）15時～16時

③本文はシンプルに無駄なく。ビジネスメールは、基本的に用件のみで。箇条書きも効果的だ。

ご都合のいい日時をご指定ください。
よろしくお願いいたします。

****
株式会社▲▲　鈴木●●
〒000-0000 東京都××××××××××
TEL:00-0000-0000
E-mail:××××
URL：http://www.cadena-c.com
****

④署名は必ず入れておく。メールではなく電話で返信する人や、郵送時の住所確認などで便利に感じる人は多い。

【メール】
件名のつけ方ひとつで好感度が変わる

●パッと見て、何だかわからない件名にしない

「メールの文面はシンプルに！」と前項でお伝えしましたが、件名に関してはシンプルなら良いというわけでもありません。

「先日の件」

「おはようございます」

「○○社の××です」

このようなシンプルな件名をつける人がいますが、これは悪い例。ひと目見ただけでは何の用件かわからないからです。

ビジネスパーソンは日々大量のメールの処理に追われているので、開けてみないとわからないメールはスルーされてしまう可能性もあります。

また、件名がシンプルすぎると、あとで検索する時も不便です。

受け取った相手のことを考えて、**文面を見なくても内容がパッとわかるような件名**をつけましょう。

メールを何度かやり取りすると、冒頭に「Re：」※がたくさん並ぶことがありますが、件名を変える必要はありません。逆にいちいち件名を変えられると、続きのメールかどうかわからなくなるからです。

特に、相手が同じ件名のメールをひとつのスレッドで管理する設定にしている場合は、内心、迷惑がられていることもあります。

一方、件名と異なる内容のメールを送る時は、件名を変えましょう。

例えば、案件Aについてやり取りしている時に、その件名のメールに案件Bの話を書くと、あとで問題が生じます。後日、案件Bについての情報を確認したい時に見つけにくくなり、相手が混乱するのです。「相手のことを考えられない人」とレッテルを貼られかねないので、ご注意ください。

ポイント　忙しい人が秒単位で把握できる件名を書く！

【注】最近のメールソフトは「Re：」が並ばない設定になっていることが多い。

仕事の基本
身だしなみ
初対面・来客対応
電話・メール・チャット
他社訪問・営業
社内コミュニケーション
会議・ミーティング
会食・接待・パーティ
トラブル対応

【メール】「面倒くさいヤツ」と思われるメールの共通点

●やり取りの回数を増やしていないか？

前項で「ビジネスパーソンは日々大量のメールの処理に追われている」と書きました。社内外を問わず、その処理の手間を増やすようなことをすると、内心「面倒くさいヤツ」と思われるので、注意が必要です。

まず、気をつけたいのは、「**メールのやり取りの回数を増やさない**」ことです。

例えば、後日、直接会って打ち合わせをするとしましょう。

最初に「打ち合わせの日時はいつにいたしましょうか？　私は○日の×時～△時と□日の×時～△時でしたら大丈夫です」と書けば、相手がその中から日程を選ぶことで、1往復で日時が決まります。

しかし、「打ち合わせの日時はいつにいたしましょうか？」だけで、希望の日程を送らないと、「相手が希望の日程を言う」「こちらが日程を選ぶ」と、やり取りが1往復半に増えます※。このように、無駄なメールの回数を増やしていないか、チェックしてみましょう。

また、「**メールで反論しない**」ことも、手間を減らす上で重要です。

メールは言葉足らずになりやすいツール。「自分はそんなつもりで言ったわけではない」とコミュニケーションの齟齬《そご》が生まれやすく、相手の顔が見えないので、感情的・攻撃的なことを言いがちです。

そこから言い争いに発展すると、厄介なことに。互いに揚げ足を取り合ったり、理解してもらうために長文のメールを書いたり、と時間の浪費につながります。

もし、言い争いに発展したら、その後のやり取りを、電話や対面に切り替えるのが得策です。

ポイント　メールで言い争いになりそうだったら、対面or電話に切り替えを

【注】相手の都合に合わせる気遣いをして、希望日程を先に出さないのかもしれないが、その気遣いは無用だ。

【メール】

メールは即レスが鉄則か？

●どれぐらい返信が来ないと遅い？

メールは、とにかく即レスすることが大事――。

メールに関するマナーというと、よくそんなことが言われます。確かに、すぐ返信するに越したことはないでしょう。

しかし、即レスを意識しすぎると、弊害も出てきます。まめにメールチェックしなくてはならなくなるので、そのたびに、仕事を中断することになります。すると、生産性が下がるのです。

メールの返信はどれくらい早くすべきでしょうか？

その参考になるのが、日本ビジネスメール協会の調査※です。「いつまでに返信が来ないと遅いと感じるか（急ぐ場合を除く）」という質問に対し、最も多かった回答は「1日（24時間以内）」で34・01％。「2日以内」（16・55％）、

【注】一般社団法人日本ビジネスメール協会「ビジネスメール実態調査2019」より。

「1時間以内」（8・83％）と続きました。

これを踏まえると、**「1時間以内」に返信すればまず間違いなく、遅くとも「1日以内」なら問題ない**と言えるでしょう。

目安は、1時間に1回、メールチェック。その場ですぐに答えられなければ、「検討させていただき、あらためてご連絡申し上げます」と返信すれば、相手をイライラさせることはグッと減るでしょう。

資料送付や日程のお知らせなど、急ぎではないメールも、返信を求める人はいますから、こちらは、1日以内に返信すればOKです。

このように考えていくと、自分も相手に即レスを求めると、ストレスを与えてしまうことに気づくはずです。

「どうしても急ぎで連絡を取りたい…」という場合は、メールではなく、電話で連絡を取りましょう。

ポイント　**メールチェックは1時間に1回で十分！**

【手紙】
〝いまどき〟手紙を送る意義

●お礼状なら送ってみる価値はある

ITツールが普及し、手紙を送る機会が少なくなっています。年賀状は「もう送らない」「送らないでほしい」と宣言する人すら出てきています※。

しかし、手紙を送らなくなっているからこそ、あえてお礼状を手紙で送るのもいいでしょう。自分のことを相手に強く印象づけられるはずです。商談や面談をしたあとのお礼状の例を左に示しました。スタイルは、手書きでもPCでもかまいませんが、「手間暇かけたこと」を表現するなら、手書きがよいでしょう。それよりも**重要なのは送る時期。面談当日か翌日には送りましょう**。すると相手も「重要視している」という思いを感じてくれるはずです。

ポイント　お礼状は自分の言葉で、素早く届ける

【注】もちろん、年賀状を送り続けるのも悪いことではない。

お礼状の一例

頭語と結語は組み合わせが決まっている。頭語に「拝啓」を使った場合は、結語は「敬具（敬白）」。もう少しかしこまった場合は頭語に「謹啓」、結語は「謹白」を用いる。

◯◯の部分には季語を入れる。2月なら立春、7月なら盛夏などだ。

お礼状や挨拶状などは句読点がないのが正式だが、読みやすさから、いまは付いていることも多くなった。

> 拝啓　◯◯の候、貴社ますますご清祥のこととお慶び申し上げます。
> 先日は、貴重なお時間をいただきまして、誠にありがとうございました。
> 佐藤社長の事業に対する志をお伺いし、私も身が引き締まる思いでした。
> 御社のビジネスに貢献できるよう、努力してまいりますので、今後とも
> よろしくお願い申し上げます。
>
> 敬具
>
> 株式会社××　山田太郎
>
> 令和◯年◯月◯日
>
> 株式会社△△
> 代表取締役社長
> 佐藤一郎様

真ん中の部分には、時間を割いていただいたお礼や面談で感じたこと、今後の意気込みなどを自分の言葉で書く。

【チャット】

ビジネスチャットならではのマナーとは？

●メールよりもマナーはゆるいが…

Ｓｌａｃｋ《スラック》やチャットワークなどのビジネスチャットを導入する企業が増えています。その最大の強みは、メールよりも、気軽でスピーディなやり取りができることです。

まだ導入してから日が浅い職場では、使い方のルールやマナーが定まっていないことが多いようですが、

・堅苦しい書き方をしないで、短文でやり取りする
・冒頭で「お世話になっております」のような形式張った挨拶は不要
・メッセージを送りたい相手の部署名や名前は不要
・短文で感情を表現するために、絵文字を使うのはＯＫ※

というように使うのがおすすめです。もし職場の上司や同僚に不慣れな人

【注】
「ビジネスの現場で絵文字はゆるすぎる」と言われるが、無機質なやり取りになりやすいので、むしろ使ったほうがよい面も。

がいるなら、先んじて職場全体のルールにするよう働きかけましょう。

ビジネスチャットで注意したいのは、その気軽さゆえに、メッセージのやり取りが過剰に増えることです。

メールの項目でも述べましたが、現代のビジネスパーソンはメールの海に溺《おぼ》れている状態の人が少なくありません。チャットに関しても、**最低限の量のメッセージでとどめる**ことが、ビジネスパーソンの心得です。

また、Ｓｌａｃｋの公式ブログで「大切なマナー」と指摘されているのが、「**本当に必要な時以外は、大勢に通知を送らないようにする**」こと。

例えばＳｌａｃｋなら「@everyone」、チャットワークなら「TO ALL」を選ぶことで、そのグループ全員に通知が送れますが、「一応、みんなに知ってもらおう」と安易に通知すると、そのグループに含まれる全員の仕事をいちいち止めることになります。非常に迷惑なので、気をつけましょう。

ポイント　チャットは便利だが、仕事の邪魔にもなる

【メール・チャット】
深夜や休日に メール・チャットを送るのはNG？

●業務時間外メールを法律で禁止する国も

「忘れてしまうといけないから、いまのうちにメールをしておこう」

「週末のうちに送っておけば、月曜の朝に見てもらえるかな」

そういって、深夜や休日に仕事のメールやチャットを送る人がいます。特にチャットは気軽に送れるので、パッと思いついたことを送る人も。

しかし、これはビジネスパーソンとしてスマートとは言えない行為。相手によっては、「深夜や休日にまで仕事をしろということか」と取る人もいます。あなたが知らないところで、イラッとされている可能性は少なくありません。

「それなら、スマホの電源を切っておけばいいじゃないか」と思うかもしれませんが、個人のスマホを仕事で使っている場合は、電源をオフにするわけにはいきません。

会社でスマホを支給されていたとしても、緊急の電話に対応しなくてはいけないから、とマジメな人ほど休みの時でもスマホをオンにしています。だから、フランスでは、就業時間外に業務メールの送受信をしてはいけない、とする法律※1ができたほどです。

深夜や休日にメールやチャットを送るのは、自分の都合を押し付ける行為。相手の都合を考えれば、休んでいる時を避けて送るのが、できるビジネスパーソンのたしなみです。もしメッセージ送信を忘れてしまうのが嫌だというならば、**メールソフトの送信予約機能※2を利用する**ようにしましょう。

中には「チャットやメッセンジャーの下書きだけして、送信するタイミングを平日のオンタイムのみに。スマホのリマインダーを設定しておく」という人も。「受け手目線」を徹底するのが、できるビジネスパーソンです。

ポイント　時間と場所に縛られないツールは、「受け手目線」で差をつけよう

【注1】2017年に施行された「オフラインになる権利」という法律。従業員50人超の企業に義務付けられている。

【注2】OutlookやGmailなどにあり、送信する日付と時間を細かく設定できる。

コラム4 Web会議でやってはいけない意外なこと

ZoomやGoogle《グーグル》 Meet《ミート》などのWeb会議ツール。新型コロナウイルスによる在宅勤務の増加で、一気に普及しました。

Web会議をスムーズに行うためにはいくつかポイントがあります。

・**環境を整える**。静かで安定したネット環境がある場所で行うのは当然ですが、それでも聞き取りづらかったり、うまく音声を拾えなかったりすることがあります。相手に迷惑をかけたくないなら、ヘッドセットを用意したほうが安心です。

・**会議中はビデオをオンに**。自宅の中を見られたくないという人のために、Zoomでは背景を好きな画像に変えられる「バーチャル背景」機能が用意されています。

・**相づちは声に出さない**。声に出して相づちを打つと、それが発言を遮《さえぎ》ったりリズムを狂わせることも。相手の発言中はマイクをミュート状態にしましょう。

・**大勢でWeb会議を行う時には、発言する前に、自分の名前を名乗る**。誰が話しているのか、混乱しにくくなります。

5章

武器としての「他社訪問・営業」のマナー

【時間】初めての訪問の際に心がけたいこと

●アポイントの1時間前に現地に入る人も

スマホの登場によって、友人と会う時は多少の遅刻は許されるようになりましたが、ビジネスにおいては遅刻はご法度《はっと》です。まして初めての訪問で遅れて行ったら、「時間にルーズな人」というレッテルを貼られてしまいます。

他社を訪問する時には、時間に余裕を持って行きましょう。

電車・バスの遅延や道路の渋滞、道に迷うことなどを考えれば、**20分以上前の到着を目指したい**ところです※。

営業パーソンの中には、「常にアポイントの1時間前に現地付近に到着する」という人もいます。近くの喫茶店で心を落ち着かせ、その日の作戦を立てることで、商談をスムーズに進められるようになるそうです。商談がうまくいかないという人は、マネしてみるとよいでしょう。

【注】訪問先がセキュリティの厳しい高層ビルにあり、9時や13時などエレベーターが混雑する時間帯にアポを取った場合は、受付からたどり着くまでに、想像以上の時間がかかることがある。より早めの到着を。

初めての訪問先の場合は、早めに行って、自分の目でオフィスの場所を確認することも大切です。スマホの地図アプリがある、といっても、場所によっては、地図アプリの表示がわかりにくいことがあります。

みなさんもアプリを過信して、迷った経験がありませんか？

また、大きなビルだと、受付やエレベーターの位置がわからず、ビルの中で迷うこともあります。

スマホの電池が切れる、という可能性もゼロではないので、万全を期して、地図をプリントアウトしておきましょう。

それでも遅刻してしまいそうな場合は、1秒でも早く先方に連絡し、到着予定時刻を伝えます。そうすれば、相手も別の仕事をするなどの対応ができます。迷惑をかけるのは最小限で済ませるのが、ビジネスパーソンの鉄則です。

ポイント　訪問先に早めに到着しておいて、デメリットはひとつもない！

【時間】

約束の時間の何分前なら訪問してOK？

●5分前の入室が基本

「思ったよりも早く着いたから、早く入室しよう」…。

時々、こんな人がいますが、これは明らかにマナー違反なのでやめましょう。その理由は、相手の仕事を妨げるかもしれないからです。

ビジネスの世界では、**アポイントの5分前に入室することが暗黙の了解**※です。忙しい人であればあるほど、5分前まで時間を有効に使おうと考えるはずです。ひょっとしたら来客中かもしれないし、自分たちの到着に備えて何かしらの準備をしていることもあるでしょう。そんなところに入っていったら迷惑なのは明らかです。

もちろん杓子《しゃくし》定規《じょうぎ》にきっちり5分前というわけではありません。10分くらい前までは一般にOKとされています。

【注】約束の時間ちょうどに入ればいいようにも思えるが、遅刻ギリギリのだらしのないイメージを持たれることもある。

その際は、**「少し早いのですが…」と一言添えます**。その一言によって、仮に仕事の最中であったりすれば待たせやすくなり、迷惑な客にならずに済みます。

一方、会社の前やロビーで時間が来るのを待っていると、受付の人や通りかかった社員などから誰を待っているのか聞かれることがあります。そういう時には、早く着きすぎたので時間調整をしている旨を伝えます。多くの場合、入室させてくれます。多少、押しが強いですが、ある程度の規模の会社ならば、たいてい待つスペースがあるので、自分から「待たせてほしい」と連絡する手もあります。できるビジネスパーソンは、待っている間に、**お茶を出してくれる人など周辺の人と雑談したり、仲良くなったり、会社の雰囲気などを素早くチェック**したりしています。

ポイント　重要なのは相手の状況に対する想像力

【アポイント】アポの優先順位を上げてもらう、ちょっとしたテクニック

●後回しにされるのを防ぐ

アポ取りが上手な人と断られてばかりの人がいます。この差はどこにあるのでしょうか。できるビジネスパーソンなら、優先順位を上げてもらうような工夫をしています。こちらがアポの優先順位を決めているように、相手も受けるアポの優先順位を決めているからです。

意外に有効なのは、**スケジュール調整を担当している秘書や部下などの負担を軽減すること**です。相手に気遣ったつもりで、「来週1週間ならどこでもいい」などとお願いすれば、上司のスケジュールとの比較が面倒なので後回しにしがちです。また、1週間も空いているヒマな人のアポなど急ぐ必要はないと判断されることもあります。後回しにされると、スケジュールは埋まってしまい断られるという悪循環に陥るわけです。

むしろ、何日の何時から何時といった具合に**候補の日時を3つ程度、用意**したほうがいいでしょう。候補の日程を絞っておけば、上司のスケジュールと照らし合わせるのは楽なので、優先順位は上がります。

またこの時、はっきりと「具体的な用件」と「どれくらいの時間、滞在するのか」を伝えることも大切です。アポイントは、人の時間を奪う行為であることを忘れずに、なるべく相手の負荷になる要素を削っておきましょう。

最近はメールだけで完結しようとする人も少なくありませんが、返信がない場合は、面倒でも届いているかどうか電話での確認※はしておきましょう。メールの送りっぱなしも優先順位が下がることにつながります。また、infoなどにメールを送った場合は、そもそも目的の部署に届いていないこともあります。

相手があることなのでアポ取りに正解はありませんが、どうもアポが取れないという人は、試してみてはいかがでしょうか。

ポイント　**丁寧なダメ押しでアポ上手に**

【注】電話番号は通常、企業の公式サイトの「会社情報」「ニュースリリース」「問い合わせ」などのサイトに表示されている。メールでの問い合わせ欄が充実しているからといって、対応がきっちりしているとは限らないことに注意。

【アポイント】
アポの日時は事前にもう一度確認しておく

●間違っているのは自分だけとは限らない

「訪問先に行ったら、アポの日付を間違えていて、明日の予定だった」

「会社にいたらお客様から電話が。いまがまさにアポイントの時間だった…」

社会人をしていると、しばしばやらかしてしまうミスが「アポイントの時間の勘違い」です。前者のケースなら自分の労力が無駄になるだけですが、後者のケースだと、相手方に迷惑をかけてしまいます。

こうしたミスを防ぐためには、**アポイントの日時を、前日か当日の朝に確認する**ことが大切です。

「明日の15時の打ち合わせの件、よろしくお願いいたします」というように、簡単なメールを打てばよいでしょう。

「自分はそんなミスは起こさない」という人もいるかもしれませんが、間違えているのは、自分だけとは限りません。

相手がメモするのを間違えていることもあれば、アポイントをうっかり忘れていることもあるからです。[※1] あるいは、直前になって相手の都合が悪くなり、「できればリスケしたい」と考えていることもあります。そんな状況の時にお会いしても、話はうまく運ばないでしょうから、無理に会わないほうが、こちらのためです。

初めての訪問先の場合は、アポイントの日時だけでなく、**訪問場所が合っているかどうかの確認**もしておきましょう。複数の事業所がある場合は、違う事業所に行くと思い込んでいることがあります。

また、電車やバスの乗り換えルートも、いくつかのパターンを頭に入れておくことをおすすめします。すると、事故などで遅延が起きた時、「それなら別のルートに切り替えよう」と落ち着いて対処できます。[※2]

ポイント　訪問日時、訪問場所、ルート。すべて確認しておけば安心！

【注1】約束の日付を間違えていることもあれば、時間を「13時」と「午後3時」で間違えている、といったこともありがち……。

【注2】地方に行く場合は、タクシーが簡単につかまらないことも想定しておこう。

仕事の基本　身だしなみ　初対面・来客対応　電話・メール・チャット　他社訪問・営業　社内コミュニケーション　会議・ミーティング　会食・接待・パーティ　トラブル対応

【アポイント】
予定を変更したい時に、失礼なく調整するコツ

●相手の面子はつぶさない

同時にいくつかのアポイントを申し込むと、よく起こるのが日程のバッティングです。

最重要と考えているA社が、先約のB社と同じ日時をピンポイントで指定※してきた。こんなケースが典型でしょう。

この場合、即座にやらなくてはいけないことは、B社に対する謝罪と予定変更のお願いです。せっかく時間を空けてくれたのに、キャンセルしたことを丁寧に詫び、再度のアポの日程調整をお願いします。

この時、非常に悩むのは、キャンセルの理由を相手に伝えるかどうかでしょう。もちろん、A社とのアポが入ったので予定を変更してほしいとは、口が裂けても言ってはいけません。

【注】A社とB社にそれぞれ候補日をずらしてお願いしているにもかかわらず、結局バッティングするといったことは頻繁に起こる。

それでは、何と言えばいいのでしょうか？

これは意見が分かれるところですが、できるビジネスパーソンは、理由など言いません。あれこれ考えてお詫びのタイミングが遅れるよりも、**すぐに詫びて、再調整をお願いするほうが効率的**だからです。

一方で何かしら理由を用意するという人も少なくありません。「『すでにアポが入っていたことを失念していた』と先約を優先させたことにする」「『その日が研修の日に決まってしまった』など自分では調整不能の理由を用意する」などが典型です。

ポイントは、**相手の面子《メンツ》をつぶさないこと**。それを守れば、理由を言っても言わなくても構いません。

重要なのは理由ではなく、申し訳ないという気持ちを、相手に伝えることです。

ポイント　言い訳ではなく、まず丁重にお詫びを

【訪問】ドアのノック、開け閉めに〝その人〟が表れる

●ノックは3回、開けるのはドアノブと反対側の手で

取引先の事務所を訪ねる時、役員に呼ばれた時、人事考課の面談、転職の面接を受けに行く時などに必要なのがドアノックのマナー。学生時代の就職活動で、さんざん練習したはずですが、正式なやり方をすっかり忘れてしまった人も少なくないでしょう。役職が上がるとともに、役員などと話す機会も増えるのでしっかり復習しておきましょう。

まず、入室の前に軽くこぶしを握って、人差し指の第二関節などを使って軽くノックをします。**ノックの数は3回**です。早くノックすれば急《せ》かしているように感じられるので、適度にゆっくりノックします。「2回では？」と思う人がいるかもしれませんが、それはトイレや応接室などが空室かどうか確かめるためのノックです。

中から「どうぞ」と言われたら、「失礼いたします」と言ってからドアを開けます。左にドアノブがついていれば右手※、右についていれば左手といった具合に**反対側の手でドアノブを回してドアを開けます**。部屋に入ったら、反対側の手、例えば右手でドアノブを開けたのであれば、左手でドアの端をちょっと押さえ、右手で内側のドアノブをつかんで静かに閉めます。この時、**室内にいる人たちに背中を向けないように注意しましょう**。

引き戸の場合は、取っ手を右に引くタイプなら右手で、左手に引くタイプなら左手で開けます。閉める時には、ドアタイプと同様に背中を向けないように注意をしながら、開けたのと反対側の手で戸を閉めます。

ドアが開いている場合、あるいはドアがない場合はノックは不要です。ドアが開いている場合は、閉めたほうがいいのか確認しましょう。もっとも社内、または親しい取引先の場合、それほど神経質になる必要はありません。

ポイント　ドアノブ（取っ手）と反対側の手でドアを開ける

【注】
右手左手と意識しすぎると、ぎこちない動きになる。マナーは不自然な動きは要求しない。自然に動けば、マナー通りになっているはずだ。

【訪問】訪問先でのコートの失礼のない脱ぎ方、置き方

●着ているコートを裏返す理由とは？

訪問先を訪ねる時、忘れずにいたいのが「コートの扱い方」です。

コートはそもそも、オーバーコート（外套《がいとう》）という正式名称があるように「洋服の最も外側」に羽織《はお》る服。だからコートの表地《おもてじ》は、最も汚れやホコリ、花粉などをまとっています。これを着たまま室内に入るのは、大げさに言えば、土足でどんどん人の家の中に入っていくようなものになるわけです。

コートはまず訪問先のオフィスに入る前に、さっと脱いでおきましょう。

ベストは会社が入っているビルの入り口前で脱ぐこと。オフィスがいくつも入っているような大きなビルの場合は、少なくとも受付前、1階のフロアロビーで、他の人の邪魔にならないように、スマートに脱ぎます。

脱いだあとのコートは、コンパクトにたたんで、手に持って入室を。

ただし、気をつけたいのは、たたみ方です。この時、**コートの裏地が表に出るように、裏返してたたみましょう**。

先に述べた通り、コートの表地は、最も外のホコリや花粉が付着している部分。表地のまま持ち歩くのは、それをそのまま中に持ち運んでいるのと同じことだからです。また、応接室などでコート用のハンガーなどがない時は、そのまま椅子にコートを置くことになります※。この時にも、裏地ならば問題ありませんが、表地だと脱いだ靴の底をそのまま椅子に置くのと同じ。やはり、訪問先には失礼になるからです。

ちなみに2章でも紹介した通り、バッグもこれと同じ理屈で、そのまま机上や椅子の上に置かないようにしましょう。電車の中やオフィス、あるいはカフェなどで少しでも床に置くことがあるからです。訪問先では、すっと自然に自分の足元にバッグを置くのがスタンダードです。

ポイント　外からホコリや花粉を持ち込まない気遣いを

【注】
訪問先から「コートはお預かりしますよ」と言われたら、躊躇せず速やかに手渡そう。

【訪問】持参した手土産をスマートに渡すには

●床に置かない。袋から取り出して渡す

訪問先に手土産を持っていく機会は、しばしばあるものです。初めての取引の時、地方の客先に出向く時、近所に話題の店がオープンした時、お詫びの時などは典型でしょう。せっかくなら、手土産を有効に使いたいものですが、その前に、手土産のマナーをチェックしておきましょう。

手土産を選ぶポイントは「人数分あること」「賞味期限が比較的長いもの」「個包装してあるもの」が基本です。ただし、絶対に避けたいのは訪問先との競合品です。思わぬ会社と提携していたり、商品をつくっていることはままあります。付き合いが浅く会社の全貌がわからないうちは、特に念入りにチェックして手土産を選びましょう※。

相手先の近所で調達したものもNGです。いかにも用意するのを忘れてあ

【注】お菓子が会社に置いてあるだけで、○○会社の××さんが来たと、みんなが認識するほど手土産を定番化させている人も。

わてて買った印象になるからです。

手土産を渡すタイミングは、基本的には商談が終わったあとです。それまでは、下座側に置いておきます。口に入れるものなので床に置くのはNGです。商談が終わったら、**必ず袋から取り出して渡します**。この時、袋をガサゴソと音を出さないように気をつけましょう。まず自分がのしを読める方向でテーブルに置き、「お口に合えば幸いです」「近所で評判の店で…」などと言いながら、反転させて相手の前に置きます。こうした作法に則るためにも、のしはつけてもらったほうが便利です。**もし上司が一緒の場合は、必ず上司から渡してもらいます**。立って渡さざるを得ない場合は、「袋のまま失礼いたします」と一言添えて渡します。アポ無しで訪れ、先方がいない場合は、名刺を添えて受付などに渡します。

ポイント 商談後に「お口に合えば幸いです」などと一言添えて

【商談・面談】
スムーズに話を引き出す質問の仕方

●質問によって得られるもの

商談の場やちょっとした面談の機会を得た時、自社商品や企画の話ばかりしている人は少なくありません。

実にもったいない。**できるビジネスパーソンは、相手に徹底的に質問をします**。違う業界、違う会社の人と話すことは、自分を成長させたり、ビジネスシーズの発見につながるなど、様々なチャンスにあふれているからです。

付き合いが始まったばかりの頃※は、取り引きしている部分以外は、相手の会社のことをあまり知らなくても大目に見てもらえます。質問するチャンスの時期です。結果、できるビジネスパーソンは、業界事情、相手の会社の技術力、狙っている市場、これからの課題など様々な情報を収集して、ちょっとした業界通になって帰ります。

【注】
「こんなことも知らないのか?」とバカにされることもあるが、疑問は聞けるうちにつぶしておこう。「いつも質問する人」というキャラクターを確立しておくのもいい。

質問できる人とできない人は、どこが違うのでしょうか。多くの場合、それは**下調べの量の差**です。例えば、HPで相手の会社をチェックしておけば、「うちで使えそうな技術が多い」「この技術の特許関係はどうなっているんだろう？」など、様々な疑問がわいてくるもの。さらに競合や業界のことも下調べしておけば、さらに質問のネタは増えます。そうした疑問を担当者にぶつければ、こちらの本気度が伝わり、相手も真剣に答えてくれます。

それに対して「うちで使えそうな技術は、何かないでしょうか？」といった他力本願の漠然とした質問や、「休日は何をしているんですか？」といった仕事とはまるで関係のないプライベートな質問をしていれば、真剣に答える気にもならないでしょう。その結果、話ははずまず、自分の話に終始するといったことになるのです。もし、思い当たる人がいれば、取り引き先の情報をもう少し調べてみましょう。知らない情報、新しい情報を発見したら、きっと質問したい項目がどんどん出てくるはずです。

ポイント　担当者と面会している理由を常に意識する

【商談・面談】話し方やトーンを相手に合わせる

●気を配るべきは、話す内容だけじゃない

商談やミーティングで、お客様と話す時。話す内容や提案ももちろん大切ですが、できるビジネスパーソン、特にできる営業パーソンが、それ以上に意識しているのが「声のトーン」や「話し方」です。

具体的には、**自分の声の高さやトーン、あるいはちょっとした話し方を、「相手に似たトーンや話し方」にしている**。

少し相手に〝寄せる〟のです。

実はコレ、「ペーシング」というテクニック。相手と似たようなペースで話したり、ジェスチャーをすることで、他者との距離を縮めるワザです。※

人は自分と似た人を好むものです。心理学ではこれをミラーリングと言います。鏡に写ったように自分と身ぶりや口ぶりが似ている他者、あるいは似

【注】話している時の顔の表情や、言葉の崩し方などを少し相手に似せるのも効果的。

たような考え方や趣味を持つ他者に好感を抱きやすい。自分とこれだけ似ているのなら、「きっと気が合うに違いない」と自然と親近感を持つのです。

だから話すスピードや声の高さ、敬語の度合いなどがフィットする人は、たとえ初対面でも相手が心を開いてくれやすくなるわけです。

裏を返すと、自分とは違うペースで話す相手は「気が合わない」と勝手に思い込んで拒絶してしまう可能性が高いので要注意です。

落ち着いたトーンでゆっくり話す人に向かって、ワイワイと早口で話し続けると「うるさいヤツだな」と内心思われているかもしれません。逆に明るく早口で声が高い人に対して、渋い低音でどっしりと話すと「なにカッコつけているんだ」と拒絶されてしまうかもしれません。

完全にマネずとも、ほんの少しだけでも意識すると、コミュニケーションがスムーズになります。

ポイント　**ゆっくりな人には、ゆっくりで話すのが正解**

【商談・面談】

取引先にうっかり言ってはいけない意外な禁句

●「忙しい」「うちにはメリットはない」…

言われただけで疲れたり、モチベーションが下がったり、腹が立ったりする言葉があります。ビジネスシーンでは使わないように気をつけましょう。※

最も使いがちなのは「**忙しい**」でしょう。特に仕事の忙しさに慣れていない新人たちが使いがちです。マナー本などには必ずと言っていいほど掲載されている基本中の基本の禁句だと言えるでしょう。

「忙しい」を使ってはいけない理由は、みんな、それぞれ忙しいからです。仮に、取引先などからの飲み会の誘いを「忙しい」を理由に断ったら大変です。「みんな忙しいのに」と大反発を招くことは間違いありません。

もちろん新人に限らず、中堅でも「忙しい」を連発する人もいます。それだけで、その人は「仕事ができない人」とレッテルを貼られることもあります。

【注】何かを頼む時は「○○をお願いします」。「○○してくれると助かります」は目下に対する言い方なので、取引先に使うのはNG。

その人だけが突出して仕事が多いわけでもないし、そもそも仕事ができる人は、そんなセリフは言わないからです。できるビジネスパーソンなら、逆に余裕があるように見せます。余裕があれば、さらにいろいろな仕事を頼まれるので視野が広がり能力に磨きがかかります。「忙しい」が口癖になっている人は、次第に新しい仕事を与えられなくなります。できれば、いますぐ直しましょう。「**疲れた**」にも同様の不快感を持つ人がいるので気をつけましょう。

「**うちにはメリットはない**」といった断り方も不評です。そこには「うちを利用したいだけでしょう。結果として得をするのはそちらでしょ」といった上から目線で見下している印象があるからです。もし、断るのであれば、「ご希望に沿えずすみません」「現段階ではそこまで考えていない」など、ソフトに断りましょう。その会社と、いつ、どこで取引が始まるかわからないので、敵対心をあおるような言葉にならないように気をつけましょう。

ポイント 断る時には、特に気を使うべし

【商談】
商談は「客先を出た直後」が勝負

●スピード対応で、評価を上げる

客先での商談や打ち合わせが終わるとホッと一息つきたくなりますが、そこで気をゆるめてはいけません。**商談中に頼まれた資料や見積書の送付、議事録の作成、お礼メールの送信などは、間髪入れずにやってしまいましょう**。

スピードはビジネスパーソンにとって強力な武器。迅速に行えば、それだけで「仕事、早いな！」と一目置かれます。また、ひと仕事を片付けてしまえば、脳のリソースを空けられるので、他の仕事に集中できます。

会社に戻ってすぐに取りかかるのも悪くはありませんが、それでは「早い」とはなりません。客先を出てすぐに取りかかりましょう。

まず、「社に戻って、上司に確認します」と持ち帰ることがあった時、すぐに確認できることなら、客先を出た時点で、すぐに上司に連絡します。お

客様に報告できることがあれば、すぐに返答しましょう。

客先近くのカフェやコワーキングスペースに入って、議事録や見積書の作成をささっと終わらせるのもアリです。

帰りの電車の中も有効活用を。SNSを眺めていたり、マンガを読んだりしている人は少なくありませんが、その時間を使ってお礼のメールを打てば、仕事の速さをアピールできます。長い目で見ると、大きな差がつくのです。※

ポイント

商談が終わったら、やるべきことを超速で済ませよ！

【注】ある有名ビジネスパーソンは、商談中に人の紹介をお願いされると、その場で電話をかけて解決してしまうとか。商談中に済ませられれば理想的だ。

【国際ビジネス】

欧米では事前にコートを脱ぐのはNG

●ネクタイが忌み嫌われる国もある

グローバル化の進展によって、いまや海外出張は珍しくなくなりました。読者のみなさんの中にもよく行く人は多いでしょうし、経験がない人もそのうち機会があるかもしれません。

その時に注意したいのは、訪問時のビジネスマナーは、日本と海外で異なるケースがあることです。

例えば、日本では、先に述べたようにコートを着たまま入室するのは「外の汚れやホコリを持ち込むから」マナー違反とされますが、**欧米では逆。玄関に入る前にコートを脱ぐのはマナー違反**です。

なぜなら、「どうぞお入りください、と許可する前から、コートを脱ぐなんて、ずうずうしい人間だ」と見なされるからです。

また、スーツにネクタイをするのは正装というイメージがありますが、イランでは、ネクタイをしてはいけません。ネクタイは「西洋文化の象徴」であり、反イスラム的な服装とされているからです。※　また、イランに限らず、イスラム教の世界では、男女が握手をすることも禁止されています。

言葉が通じないと、ボディランゲージを多用しがちですが、場合によっては、相手を怒らせてしまうことがあります。例えば、人差し指と親指でＯＫサインをつくることは、ブラジルやフランスなどでは相手を侮辱することを意味しますし、親指を立てる「サムズアップ」のポーズは、中東や南米では同じく相手を侮辱することになります。

郷に入《い》れば郷に従え。マナーは国や地域によってまったく違うので、渡航前に必ず確認しておきましょう。

ポイント　海外のビジネスマナーは日本と逆のことも。渡航前にチェックを！

【注】イランのマナーに関しては、外務省の海外安全ホームページに掲載されている。他国の情報についても載っているので、ぜひご参考に。https://www.anzen.mofa.go.jp/

【国際ビジネス】
握手は？ ハグは？ 女性相手の時は？ グローバルなマナー

●名刺交換は握手のあと

新型コロナウイルスの影響で、欧米では握手やハグはしばらく自粛※。使うチャンスは当分ありませんが、一応、基本を押さえておきましょう。

ビジネスシーンで使われるのはもっぱら握手です。**お互いに目を合わせ、名前を名乗り、会えてうれしいことなどを伝えながら右手同士をしっかり握ります**。右手で握手するのは、お互いに武器を持っていないことを示す中世の風習の名残です。

日本人がやりがちなのは、両手で握ってしまったり、握手をしながらお辞儀をしてしまうことです。いずれもＮＧ。「正しい握手」という型があることは覚えておいてください。

一方、女性が相手の時にはどうでしょう。**原則は女性から握手を求められ**

【注】コロナ騒ぎが収まったあと、握手やハグのやり方は変わるかもしれない。

た場合のみ握手をします。もっとも、実際には男性から握手を求めるケースも少なくありません。特に日本人女性の場合、そもそも握手に不慣れなので、自分からタイミングよく手を出すのは難しいもの。流れにのって握手しましょう。いずれにしても、欧米の会社の女性に、自分から握手を求めるのは控えたほうが無難です。初対面の場合は、握手が終わってから名刺交換となります。

一方、ハグについては、友人、家族など親しい人とするのが基本です。ビジネスでも、よほど親しい間柄になればハグをすることはあります。ハグをする場合は、目を合わせて、両手を広げて近づき、背中に手をまわします。この時、頬と頬をくっつけたり、軽くキスをすることもあります。ハグも握手同様に女性から行います。やりたくない時には、しなくても大丈夫です。

ポイント　男性か女性かで大きく変わる

コラム5 年始の挨拶まわりの本当の狙い

伝統的な産業や老舗企業では「年始の挨拶」をしっかり実施しているところは多いでしょう。具体的な商談にならないにもかかわらず、ずらずらと上司が部下を引き連れてカレンダーを配る。「なんという無駄！」と感じている方は少なくないはず。しかし、できるビジネスパーソンはその意義を理解して行動しています。

というのは、年始の挨拶まわりは上司や部下を取引先に紹介できる貴重な機会だからです。何もない時にアポを取って「なんとなく上司を連れてきました」「今年の新人です」とやっても、迷惑なだけ。しかし「新年の挨拶まわりなので連れてきました」は十分な大義名分になります。たとえその時は顔を見せて**名刺交換するだけでも、その後のコミュニケーションが取りやすくなるからです**。効果が表れるのは、例えば「担当替え」をする時。得意先であればあるほど、新たな担当者に業務を引き継ぐことは億劫《おっくう》ですが、「来月から担当を山田がいたします。実は正月にご挨拶だけいたしまして」などとひと言添えられるメリットは大きいわけです。

6章

武器としての「社内コミュニケーション」のマナー

【報連相】「ホウレンソウ」で欠かせない2つの重要ポイント

●情報を隠すと痛い目に。迅速・正確に！

ビジネスのコミュニケーションの基本と言えば「ホウレンソウ」。ご存じ、報告・連絡・相談の頭文字を取った造語です。

上司やチーム、取引先へのホウレンソウが滞《とどこお》ると、情報が共有されなくなるので、トラブルの元になります。特に、クレームのような悪い情報を隠していると、状況把握と対処が遅れてしまい、事態を悪化させることにつながるからです。一方、悩んでいたことも、思い切って相談したら、一瞬で解決してしまった、ということも少なくありません。

ホウレンソウは、隠すことなく、**迅速・正確に行いましょう。理想は「あれ、どうなっているんだ？」と上司に聞かれる前**。進捗がなかった時でも、「進捗がありません」と報告すれば、上司や取引先は安心します。

ホウレンソウが遅れてしまう原因は、「上司が忙しくて、『話しかけてくるな』という雰囲気を醸《かも》し出している」ことがあります。その結果、抱えていた問題が大きくなり、「さらにイラつかせてしまった」経験がある人もいるでしょう。

だから、ホウレンソウの鉄則は、**スピーディかつ結論から先に述べる**こと。悪い情報だと、怒られるのが怖くて、経緯をダラダラ説明しがちですが、そうすると、余計にイラつかせるだけです。

また、話しかける時に「いま、3分ほど、お時間いただいてもよろしいでしょうか？」と所要時間を伝えること※も重要です。時間を伝えないと、何分かかるかわからないので、上司にとってストレスが増すし、「あとにしてくれ」と言われやすくなります。

要は、上司や取引先の時間を奪わない意識を持つのが、できるビジネスパーソンのホウレンソウです。

ポイント ホウレンソウは、結論から述べ、所要時間を伝えよ！

【注】
ただし、3分と言っておきながら、10分も20分も話すと相手を怒らせるので、ご注意を。

【確認】仕事を頼まれた時に必ず「すり合わせ」しておくべきこと

●「目的は何ですか?」だけでは足りない

頼まれた仕事を期待以上のものに仕上げるのが、できるビジネスパーソン。それをコンスタントにする人は、仕事を頼まれた時の会話に、大きな特徴があります。必ず「**仕事の目的や背景を確認している**」ことです。

例えば、「業界Aの市場規模に関するデータを探してほしい」と上司に頼まれたとしましょう。

言われるままに、漫然とネットで探し始める人は少なくありませんが、できるビジネスパーソンは、「なぜ、その資料を探す必要があるのか」という目的や背景を確認します。

なぜかというと、それらを確認することで、より良い成果物を出すための提案ができるからです。

市場規模のデータの場合、「新規事業の市場規模を表す時の比較材料にしたい」ということであれば、業界Aだけでなく業界Bも用意したほうがいいかもしれません。また、それらのデータをグラフを使って示せば、より役立つかもしれません。こうしたことを提案して実行すれば、頼んだほうは大助かり。「次も、この部下に仕事を頼みたい」と思うことでしょう。

ただ、気をつけたいのは、「目的は何ですか？」とストレートに聞くと、頼んだ人を不愉快にさせる恐れ※があることです。

そうならないためには「**目的はこういうことですか？**」と自分で目的を考えて、それを確認することが大切です。すると、感じが良くなりますし、上司の考えとのズレもわかる。「私の指示と全然違う！」を防げます。

目的・背景を確認する時は、「どれくらいの完成度を求めているのか」も確認しましょう。「雑でもいいから早さ優先」の場合もあるからです。

ポイント　仕事の目的を確認して、提案せよ！

【注】「なんでこんなことをやらなきゃいけないんだ？」と非難されているように聞こえる場合がある。

【呼び方】

後輩や部下も「さん」付けする

●**信頼関係があれば呼び方は何でもいいが…**

「おい、田中、中村、飲みに行くぞ！」
「鈴木！　いま、いいか？」

かつては、こんな威勢のいい上司がどこの会社にもいたものですが、現在は、すっかり鳴りを潜めたようです。原因のひとつは、年功序列が崩れ、後輩や部下と肩書が逆転することが珍しくなくなったことでしょう。呼び捨てにして、あちこち引きまわしていた後輩が上司になるのは気まずいもの。だから、最初から呼び捨てをやめる人が増えたわけです。社内の風通しを良くすることを狙った「さん付け運動」の広がりも、そうした傾向に拍車をかけています。**後輩や部下を「さん付け」で呼んでおけば間違いはありません。**

一方で「呼び捨て」のほうが親しみがわくので後輩や部下の面倒を見やす

いという人もいます。また、「くん」※を好む人もいます。そうした人は無理にさん付けにする必要はないでしょう。信念を持って信頼関係をしっかり構築できていれば、仮に上司と部下の立場が逆転しても気にならないはずです。

一方で、取引先に関してはどうでしょう？

できるビジネスパーソンは、迷うことなく**「役職」で呼びます**。理由は2つ。ひとつは、相手の会社での呼び方がわからないからです。「さん付け」の会社で役職で呼んでも「古いな」と思われるだけで済みますが、役職で呼び合う会社で「さん付け」で呼べば失礼にあたるかもしれないからです。また、肩書で呼ぶことには、相手に社内での権限を意識させる効能もあります。特に無理なお願いをする時には役職で呼ぶことは有効だと言います。親しくなったら「○○さん」に切り替えて、関係を強固にしていく人もいます。

ポイント　取引先は「役職」→「さん付け」を目指す

【注】後輩や部下に「くん」をつけて呼ぶ人もいるが、これも呼び捨て同様、上からの印象になる。

【雑談】雑談上手のポイントは「話さない」こと

●雑談のコツは、下準備

セールストークやプレゼンは得意でも、上司や同僚との雑談が苦手…。そういう人が意外に増えているようです。しかし、斬新なアイデアやイノベーティブな着想は脱線した雑談から生まれるもの。また役職や年齢の差を超えて心の距離が近くなるのも雑談のメリットです。つまり、できるビジネスパーソンほど、雑談の名人が多い、と言っても過言ではないのです。

雑談名人になるカギは「**話さない**」ことです。

冗談ではありません。実は**雑談がうまい人は、話すより「聞くのがうまい」人がほとんど**だからです。人は誰かの話を聞くよりも、話を聞いてもらうことに喜びを感じる。だから、自分の思いや話したいことを気持ちよく話せる相手を好むのです。考えてみると「あなたは話がうまいね」と言われる時は、たいてい聞き役に回っていた時ではありませんか？

だから雑談でも話さずに、上手に聞くことを意識するのがポイント。

そのために「**予習**」をしておきましょう。**雑談相手の趣味や出身地、家族構成やその人が若い時のトレンドなど…**。こうした下情報を揃えていれば、雑談の合いの手を心地よく入れられます。例えば雑談相手に「小学生のお子さんがいる」という情報を知っていたら、「お子さんはもう大きいのですか？」とたずねる。「小2だよ」と返ってきたら「九九ですね。教えるのって大変じゃないですか？」などとつなげられます。雑談相手が団塊ジュニア世代なら「学生時代ってバンドブームの頃ですよね。あの頃って、どんな雰囲気でした？」と話を振る※、といった具合です。

コツは下調べしたことをべらべら話さず、「**教えてください**」**というスタンスで聞き返すこと**。とにかく雑談は、するのではなく、「させる」のです。

ポイント　気持ちよく〝話させる〟人ほど雑談上手

【注】質問は雑談する際の必殺技だが、「〜ですか？」とイエスorノーで答えざるを得ない質問は×。「WHAT」「HOW」の質問のほうが話が続き、盛り上がる。

【敬語】ベテランでもやりがちな間違い敬語

●「なるほど」「了解、ご苦労さま」はアリ？

仕事上で何気なく使っているけれども、実は失礼に当たる…。そんな言葉は意外と多くあります。こうした言葉を使うと、気にする人もいます。小さなことで心証を悪くしないよう、意識しておきましょう。

◎「**ご苦労さまでした**」

労をねぎらう時によく使う言葉ですが、目上の人に対して使ってはいけないとされています。正解は「おつかれさまでした」。目上の人だけでなく、目下の人に使ってもおかしくありません。文化庁の調査※によれば、自分より職階が下の人をねぎらう時に、「ご苦労さま」というのが36・1％だったのに対し、「おつかれさま」を使っていた人は53・4％にのぼりました。

◎「**了解しました**」

【注】文化庁 平成17年度「国語に関する世論調査」より。

こちらは失礼とまではいえませんが、特に丁寧な言葉ではありません。ビジネスシーンで使うなら、「承知しました」「かしこまりました」のほうが丁寧とされています。

◎「**なるほど**」

相づちで多用する言葉ですが、これを失礼だと感じる人もいます。その人の考え方を上から目線で評価するニュアンスがあるからです。目上の人と話している時は、「はい」「おっしゃる通りです」などを使いましょう。「なるほどですね」と「ですね」をつけても敬語にはならないので、ご注意を。

◎「**お世話様です**」

電話に出る時やメールの冒頭でおなじみ。一応、敬語ではありますが、丁寧な表現とは言い難い言葉です。少し長くなっても、「いつもお世話になっております」を使ったほうが無難です。

ポイント　ちょっとした言葉で心証が悪くなることもある！

仕事でよく使うおもな敬語　※下段が適切な表現

●挨拶・受け答え

ご苦労様です	↓ おつかれさまです
了解しました	↓ 承知しました　かしこまりました
なるほどです	↓ おっしゃる通りです
参考になりました	↓ 大変勉強になりました
わかりましたか	↓ ご理解いただけましたでしょうか

●自分の行動

見ます	↓ 拝見します
話します	↓ ご説明いたします　ご説明申し上げます
受け取ります	↓ 拝受します
もらいます	↓ 賜ります
断ります	↓ ご遠慮申し上げます
一緒に行きます	↓ お供させていただきます
(取引先・お客様からの伝言を社内の人間に) 伝えます	↓ 申し伝えます

●取引先へのお願い

見てください	↓	ご高覧ください
教えてください	↓	ご教示ください
連絡してください	↓	ご一報賜りたく存じます
受け取ってください	↓	ご査収ください
力を貸してください	↓	お力添えいただければ幸いです
引き受けてください	↓	ご快諾いただければ幸いです
出席してください	↓	ご臨席賜りますようお願い申し上げます
許してください	↓	ご海容（ご容赦）ください
助けてください	↓	ご支援のほどお願い申し上げます
知っておいてください	↓	お含みおきいただきたく存じます
事情をわかってください	↓	ご賢察ください
体を大切にしてください	↓	ご自愛ください

【相づち】失礼にならない相づちのマナー

●同じ言葉を繰り返すのはＮＧ

先輩や上司、あるいは取引先の人などと話がはずむ時があります。そうした機会は、親しくなるチャンスなので大切にしたいものです。

話をはずませるための基本は「しっかり話を聞いていますよ」という意思表示を明確に見せること。まずは相手の目を見て、真剣に聞いていることを示します。話を面白いと感じたり、納得した時には、大きくうなずき、相づちも打ちましょう。相づちによって、話し手のモチベーションも上がり、話が一層はずむからです。

ただし、気をつけなくてはならないのは、相づちの打ち方です。「へぇ」「うん」「ふーん」といった友達に使うようなカジュアルな相づちはＮＧ。また「はいはい」「なるほど、なるほど」「うんうん」「確かに確かに」

といった同じ言葉の繰り返しにも注意をしましょう。そもそも耳障りだし、小バカにされているように感じる人は少なくありません。年齢差があれば、経験の浅い人から「確かに確かに」とか「なるほど」などとわかったような言い方をされることに不快感を覚える人もいます。

さらに「有名ですよね」「よく言われますよね」などと言えば、みんながとっくに知っている古い話をしているような気になり、話す気持ちが失せてしまいます。

できるビジネスパーソンが、ビジネスシーンで使う相づちは絞られます。「はい」「そうですか」「確かに」「おっしゃる通りです」「ほう」「初めて知りました」といった、丁寧な相づちを意識して心がけましょう。※

ひとつ裏技を。「なるほど」と思わず出てしまった時は、「なるほど。やっと理解できました」と丁寧な言葉を付け足して使えば、失礼にはあたりません。

ポイント　「なるほど」と出てしまったら、丁寧な言葉でリカバリー

【注】ニュース番組などでキャスターがどのような相づちを打っているか研究するのも手。

【聞き方】武勇伝を語りたがる上司には、さりげなくオウム返しを

●仕事の邪魔をしてくる人を味方にするには

働いていると、必ずと言っていいほど出会うのが、仕事の邪魔をしてくるヒマな上司や先輩。「若かりし頃の武勇伝を自慢げに語ってくる」「頼んでもいないのに、長々とアドバイスしてくる」。そんな人が一人はいるでしょう。

しかし、「いまは通用しない」と武勇伝を否定したり、アドバイスに聞く耳を持たなかったりすると、相手が気分を害してしまい、厄介なことに。一方的に敵視されて、足を引っ張られることがあります。

仕事で成果を出し続けるには、そうした面倒な人とうまくやることが欠かせません。そのためには、気持ちよく話してもらいながらも、つかず離れずの距離を取りたいところです。

そこで、できる人が実践しているのが、「**オウム返し**」です。

例えば「手に受話器をくくりつけ、毎日150件の電話営業をして、社長賞を取った。辛かったぁ」と武勇伝を語る人がいたら、「毎日150件ですか」「それは辛いですね」と、相手の話をオウム返しするのです。

すると、相手は「共感してもらえた」と感じ、「そうなんだよ。受話器を持っていられなくてな…」などと話を続けるでしょう。しかし、「すごいですね！」と話を盛り上げずに、オウム返しで聞くことに徹していれば、※相手はすんなりと話し終え、やがて話を切り上げるものです。

もし、アドバイスを実践したかどうか聞かれたら、「実は悩んでいてまだできていないのです。ご相談してもよろしいですか？」と意見を求めましょう。「自分のアドバイスを無視した」と思われずに済みます。

武勇伝やアドバイスをする人は、自分が認められていないのが何より不服なのです。その点を理解して対応すれば、敵視されずに済みます。

ポイント　面倒な人にも認められるのが、できる人

【注】深掘りするとボロが出ることがあるので、細かく掘り下げないのがミソ。

【反論】カドを立てずに上手に反対意見を言うには？

●主語を「私は」から「チームは」に

上司が明らかな無理難題を押し付けてくる――。

そんな反論せざるを得ない時、直線的に言い合ってはカドが立つだけです。できるビジネスパーソンは反論もひと味違います。

「質問」→「提案」の順で、マイルドに話をつけるのです。

例えば、きついノルマを押し付けてきた上司に「無理です」とにべもなく断れば、上司の立場はなくなります。そこはまず、「必達目標、ですよね？」と〝**質問**〟形式で、内容を確認します。確認をしたら「わかりました。※そのために一人サポートをつけてもらえないでしょうか」と〝**提案**〟するのです。

要は譲歩の交渉をしているわけですが、否定的な言葉はゼロ。前向きな言葉を投げかけて、カイゼン策を練るスタイルを取ることで、上司も「それなら

【注】まずはしっかり「了解」した旨を伝えることが大切。その上で「もう一人つけてくれ」「期日を変えてほしい」など小分けにする提案をするのもコツ。

ば…」とすんなり提案を受け入れてくれる可能性大です。

逆に最悪なのが、「ボクはやりたくないです」「私の仕事ですか？」など「私は」という主語を強調して自分の意見を全面的に主張すること。上司は少なからず自分よりも視座が高いものです。例外もいますが、基本は「部署」や「チーム」のことを考えている。そこで下から「俺が」「私が」という主張をされると、それが正論でも「利己的なヤツ」に映るわけです。

反論する時は「私は…」という主語を捨てましょう。

「チームはどう対処すればいいですか？」「我々には難しいかもしれないですね」と主語を、さりげなくチームや部署にして、〝自分ごと〟から〝自分たちごと〟にして伝えましょう。「あくまでチームのために言う反対意見です」という思いが伝われば、聞く耳を持ってくれる確率は上がります。

ポイント 反論は「質問&提案」スタイルで

【ほめ方】上司、部下を〝わざとらしくなく〟ほめるコツ

●ほめるのが苦手な日本人

日本人は「ほめるのが苦手」と言われます。

謙遜《けんそん》をよしとする価値観も影響しているのか、日頃から欧米人のように「そのジャケット、いいね」「すばらしいセンスのタイだね」とほめ合うことをあまりしません。要は「慣れていない」のが本当のところでしょう。

もっとも、ほめられたらうれしいのは誰しも同じ。いいところをしっかりほめれば、同僚との関係性もまろやかになるし、雰囲気もよくなります。だから、できるビジネスパーソンは戦略的なほめ上手が多いのです。

ただし、ただ「すごいね」「いいね」と伝えるのは、おだてているだけ、ただのおべっかと受け止められることも。わざとらしくなく、かつ効果的なほめ方が「**他人を通じてほめる**」ことです。

「先週のプレゼンシート、部長がめちゃくちゃほめていたよ」

「そういえば営業に同行したAさんが、君に特に感動していたよ。『お客さま目線って、ああいうことなんだ…』って」

こんなふうに「他の誰かがほめていた」と客観的な語り部として伝えるのです。第三者からの評価だから、ほめられた側は「嘘っぽい」と感じません。※

ただし、ほめ言葉で気をつけたいのは、目上の人をほめる時。「さすがですね」「すばらしいですね」という一般的なほめ言葉は、いわば「人を評価する」表現。評価は基本的に上から下にくだすものです。つまり、人によっては「何を偉そうに評価しているんだ！」と感じる人も少なからずいます。

では、どうすれば？　そういう時は言葉を使わないでほめましょう。「ほう！」「おおっ！」といった感嘆の声をもらすのです。それだけでも十分、感服した、すばらしい、の意を感じてもらえます。口下手な人こそ、ぜひ！

ポイント
「誰かがほめていた」と伝聞でほめる

【注】目の前の人のほめ言葉じゃないからこそ「うれしいです」「ありがたいです」と喜びを素直に表せるメリットも。

【部下への話し方】

部下が「ホウレンソウ」しやすい雰囲気をつくるのも上司の役目

●相談しにくい雰囲気になっていないか？

「部下がなかなかホウレンソウをしてくれない。どうしたらきちんとしてくれるようになるのか!?」

おそらく世の中の管理職の多くは、部下に対して、そんな不満を抱えているのではないかと思います。

しかし、ホウレンソウが足りない原因は、部下にあるとは限りません。むしろ、上司であるあなたに原因がある可能性も十分にあり得ます。

例えば「ピリピリしているのを表に出してしまう」「忙しいと、つい部下にそっけない態度を取ってしまう」……。こんな人に話しかけたい人はいませんん。あなたはいかがですか？

もし心当たりがあるようなら、部下が話しかけやすい雰囲気をつくり出す努力をしましょう。

ピリピリした雰囲気を出さないことも大切ですが、最も効果的なのは「**上司が率先してホウレンソウをすること**」です。

中でも「相談」をすることは非常に有効です。「この件で悩んでいるんだけど、○○さんはどう思う？」※。そのように上司から相談を持ちかけられたら、ほとんどの部下は悪い気はしません。相談されるということは、仕事の能力を認められている証拠だからです。

そうして、相談を繰り返していれば、部下のほうからも相談を持ちかけやすくなります。すると、関係性が良くなり、あとは報告も連絡もしてくれるようになるものです。

相手を変えようとする前に、まずは自分が変わる。自分でコントロールできることから始めるのが、できるビジネスパーソンの考え方です。

ポイント　相談してほしければ、上司から相談する！

【注】相談する時は、自分が持っている情報をすべて部下に報告するのも重要だ。

【部下への話し方】

できる上司は、点ではなく面で指示を出す

●理解すれば自分で考えて動くようになる

「これ、計算しておいて」「A工業に電話して品番55の製品ができているか確認して」……。

このように、部下や後輩に対して、仕事をポツンポツンとひとつずつ振っていく人が時々います。※ こうしたやり方では、なかなか人は育ちません。いったい自分が何の仕事をしているのか、さっぱりわからないからです。

それに対して、**できるビジネスパーソンは、物事の全体像から話します**。例えば、「この計算は何のための計算なのか」「品番55の製品は何に使うのか」「A工業は何の会社で、どうしてうちはA工業に発注しているのか」といった具合です。このように、自分を取り巻く仕事の全体像がわかると、さっきまで無味乾燥に見えた数字や品番に意味を感じてくるものです。違う部署で

【注】後輩や部下の育成計画を考えていないと、行きあたりばったりの仕事の振り方になる。

働く同期たちとの仕事のつながりも理解できます。

　また、取引先、関連部署とのつながりなどが理解できれば、いちいちこちらから指示をしなくても自分で動けるようになります。「そろそろ、ここに連絡しましょうか」「これも計算しておきましょうか」といった具合に、部下や後輩のほうから確認にやってくるようになります。

　最初に教えるのは、少し時間がかかるかもしれませんが、部下や後輩が自分で考えて動くようになれば、上司や先輩の仕事はぐんとラクになります。

　もちろん、物事を面で教えるためには、**自分自身が仕事を広く面でとらえていることが必要**です。さらに、後輩や部下の力量に合わせて、かみ砕いて説明する必要もあります。かみ砕くためには高い見識が必要です。こうして普段から高い視座で仕事に挑戦することで、結果として、上司や先輩も成長できるのです。

ポイント　まずは自分が仕事を俯瞰的に見られるレベルに達する

【部下への話し方】

部下・後輩を注意する際のうまい言い方

●いきなり叱るのは逆効果

上司や先輩の立場なのに、部下や後輩を注意するのが苦手な人は多いようです。すぐにパワハラだと言われやすい世の中になった影響もあるでしょう。しかし、上司が部下を指導、注意するのは職務でもあります。叱りベタなら試してほしいのが**「まずポジティブなことから」語って叱る方法**です。

例えば、電話でクライアントに失礼な話し方をしていた部下がいた場合。「その話し方はないだろう！」といきなり叱るのはNG。叱られ慣れていない若い世代は、強く傷つき、心と聞く耳を閉ざしてしまいます。

まずは明るく、ポジティブな雰囲気で声かけしましょう。

①「Aさん、ちょっといま、時間いいかな?」と笑顔で

②その後「普段、君は広い視野で気配りできるのが、強みだと思うんだ」

③そして「だけど、さっきの電話は少しまずかったかな。お客様を傷つけるような強い口調だったね」と注意する

④でも最後は「君の立ち居振る舞いは他の後輩も参考にしているから。期待しているよ」と明るく、ポジティブな話題で締める

といった具合です。

ポイントは、**ポジティブ→ポジティブ→ネガティブ→ポジティブの順に話していること**※。最初にポジティブなことを続けて言うと、相手はいい気持ちになります。つまり心が開いて、聞く耳も開く。スポンジのようになった状態のところに、伝えるべき注意（ネガティブ）を伝える。すると相手の開いた心にすっと響きます。ただ、そのままだとネガティブなまま終わるので、終わり良ければすべて良しで、ポジティブな話で締めて、あとに引かないようにするのです。ポジ・ポジ・ネガ・ポジ。叱る時は思い出してみてください。

ポイント　**ポジ・ポジ・ネガ・ポジで響く注意を**

【注】叱る時だけじゃなく使える話法。例えばTVショッピングは売る人ほど「まず、この画素数がすごい！（ポジ）」「そして世界最軽量！（ポジ）」「その分、従来品より値は張りますが…（ネガ）」「いまだけ9800円！（ポジ）」と、この話法で盛り上げている。

【退社】まわりの空気に負けずに「お先に失礼」する技術

●先回りして、進捗を伝えよう

働き方改革が進んだいまも、上司や先輩社員が残る中で「お先に失礼します！」と定時退社しづらい空気が流れる職場は多いようです。しかし、形ばかりの残業などをやめて、充実したライフを過ごし、ワークに生かすのが本当のできるビジネスパーソンです。上手に「失礼」しましょう。

「定時なので…」「今日、ちょっと大切な用があって…」。まずこれはダメな例。「定時なので」「大切な用」が問題なのではありません。上司は「やるべきことをやったか」こそが気になるのに、それが抜けているからです。

気持ちよく帰りたいなら、このタイミングで「ホウレンソウ」を。上司の思惑を先回りして「いま抱えている仕事はどんな状況か」と進捗状況を伝えます（報告）。そして「納期までにはこんなスケジュールで進める予定です」

と今後も示す（連絡）。その上で「なので本日はお先に失礼させていただいてもよろしいですか？」と続けます（相談）。最後を質問で終わらせるのもポイント。「上司・先輩の意向を尊重しています」という意思を示せます。いきなり自分都合の定時退社をアピールするより、断然スムーズに「そうか。じゃあ、明日の朝、頼むよ！」と返してくれるはずです。

ただし、中にはあなたの進捗状況を聞いて「あっ、終わったのならこっちの仕事を手伝ってくれよ！」と考える上司や先輩もいそうです。そういうタイプなら、先に「手伝いましょうか？」の一言を。ただし、そのあとすかさず「ただ、今日は外せない用事があるのですが、明日の午前中ならお手伝いできます」と代替《だいたい》案を出すのです。※ いわゆる〝**イエス・バット話法**〟。最初にイエスを示すことで上司の気持ちはポジティブになる。そのあとのバットも受け入れやすくなる。結果、「了解。じゃ明日。お疲れ！」となるでしょう。

ポイント　「ホウレンソウ」はここでも役立つ

【注】それでも無理やり残業させようとするような会社は、さっさとお先に失礼して、転職するのがいいかもしれない。

【休暇明け】
休暇後の気配りでハズせないこと

●同僚にも感謝の意を伝える

「子供が急に熱を出した」「親が倒れた」「子供の学校から緊急呼び出しがかかった」「マンションの工事に立ち会わなくてはならない」…。できるビジネスパーソンといえど、もちろん一人の生活者です。どうしても、生活を優先しなくてはならないことはあります。

時には急に会社を休まざるを得ない事態に遭遇することもあります。そんな時に、気持ちよく休ませてもらうには、普段のふるまいが重要です。問題がすっかり解決して、再び出勤する時にこそ気配りを。

まずは、**急に休んだことに対するお詫びと、休ませてくれたことに対するお礼を伝えます**。あわせて、**事態はどうなったのかを報告**します。例えば、子供が熱を出したのであれば、いまはどういう状態なのか、親が倒れたのであれば、「入院した」「何とか家に帰れた」といった具合です。再び同じような事態に襲われるかもしれないので、このような結果は、しっかり報告しておきましょう。

同時に、**休んでいる間、問題はなかったかを確認**します。多くの場合、実際にフォローしてくれるのは同僚たちなので、その人たちにもお詫びとお礼、それに報告もします。また、誰でも同様のリスクは背負っているので、もし、そうした事態に見舞われた時にはどうすればいいのかといった参考例のひとつとしても報告しましょう。それによって、自分ごとではなく、チーム全員の問題に昇華させることができます。

余裕があれば、お礼の気持ち※として、みんなでつまめるお菓子などを持って行くのもいいでしょう。気持ちなので、高価なお菓子である必要はありません。きちんと対応すれば、次に何かあった時に休みやすくなります。

ポイント　チームの参考になるように報告

【注】基本は個包装。全員の数を揃える。自宅や実家の近所の評判の店の商品などがベスト。

【根回し】
根回しをスマートにできる人は仕事もできる

●前々からしたたかに準備を

根回し、というと悪いイメージを持つ人がいるかもしれません。

しかし組織で大きな成果を残すには、根回しのスキルが不可欠です。

ビジネスパーソンが一人でできる仕事のスケールは知れています。同僚、上司、取引先と、大勢の個性をしたたかにまとめあげる根回し上手の人間のほうが、ずっといい仕事ができることになるのは当然なわけです。

根回しのコツは、大きく3つあります。

まずは「**普段から関係性を深めておくこと**」です。

例えば、会議で企画を通したい時、自分に賛同してくれそうな人たちを見極め、事前に話を通していきます。基本は相手に寄り添って、「ぜひ、○○さんの力をお借りしたい」と頼りにしていることを伝えます。もっとも、根回しする時だけ近づいては「いやらしいヤツ」「打算的だ」と思われます。普段から周囲と関係をつくっておくことが大切です。細かな仕事の相談や、会食などを定期的にしておきましょう。

2つ目は「**説得ではなく相談する**」こと。

同じ例で、反対派を味方につけたいからと、説き伏せようとすれば反発されます。大切なのは「相談に乗ってもらいたいのですが」というスタンスでいくこと。反対派も「相談」と言われれば、建設的な意見を自然と述べるようになります。その意見を会議でおりまぜれば、対立側の思惑を含めた折衷案として自分の通したい企画に近づけることができるわけです。

3つ目は「**キーマン**※**を狙う**」こと。年齢や役職に限らず「一目置かれている人」はいます。その人の意見に左右される人が大勢いるということ。各部署にいるキーマンを事前にリサーチし、前もって相談しましょう。

ポイント　キーマンを見つけ、相談の体《てい》で根回しを

【注】「俺はそんなこと聞いてない」「事前に知らされていない」。根回しされていないことをきわめて嫌がるネガティブなキーマンもいる。そういうタイプにこそしっかり事前に根回しを。

コラム6

コミュニケーション上手がやっている小さな習慣

社内、社外を問わず、他者とのコミュニケーションを図る時に取り入れたいのが「**できるだけ相手の名前を呼んで話すこと**」です。

「○○さん、そのアイデアはすばらしいですね」

「ぜひ、この案件をお手伝いいただきたいんですよ、○○課長！」

話の流れで、名前を入れなくてもよい局面でも、あえて名前を入れるのです。

心理的に、人は自分の名前を他人に呼ばれると、喜びを感じます。自分のアイデンティティそのものである名前を呼ばれることは、最もシンプルに承認欲求を満たしてくれるからです。

例えば、日本を代表する政治家と言える田中角栄元総理は、どんな身分の相手でも名前や経歴を覚え、離れ際などに「○○さん、頼むよ！」「○○さん。息子は元気か？」と言っていたようです。「『あの角さんが覚えていてくれた！』と感激した結果、支持者がどんどん増えた、というわけです。普段から意識して、同僚や取引先の名前を声に出して言ってみましょう。支持者がじわじわと増えるはずです。

7章

武器としての「会議・ミーティング」のマナー

【会議】
「会議の目的は何か？」を強く意識する

●他人のアイデアにいちいちダメ出しをする人がいると…

ビジネスパーソンにとって、会議は日常茶飯事です。

あらためて会議の目的を確認すると、大きく3つに分けられるでしょう。

1. アイデア出し（ブレインストーミング）
2. 意思決定
3. 情報伝達・共有

重要なのは、いずれの会議に臨むにしても**「その会議の目的は何か」を強く意識する**ことです。意外とコレができていない人が多い。

例えば、アイデア出しの会議の時によく見かけるのは、誰かが出したアイデアに対して、いちいちダメ出しをする人です。あるいは、重箱《じゅうばこ》の隅《すみ》をつつくような指摘をする人もいます。

彼らの振る舞いは一見、賢そうですが、実際には、チームの足を引っ張っていると言わざるを得ません。

アイデア出しの会議の目的は、良いアイデアを生み出すことですが、そのためにはまず、質を問わずに、できるだけ多くの発想を出すことが大切です。そうしていろいろな案が出てくることで、発想が発想を呼び、良いアイデアへと昇華《しょうか》していきます。

しかし、いちいちアイデアを否定する人がいると、気軽にアイデアを言い出しにくくなってしまいます。そして、誰も発言しなくなり、1時間を棒に振る…。参加者の人数×1時間が無駄になります※。

周囲からの評価を下げないために会議は目的意識を持って臨みましょう。

ポイント　**賢くても、会議の目的を忘れたら評価はガタ落ち！**

【注】会議のコストは参加者数×時間。10人参加した会議に5分遅刻した人が1人いたら、それだけで5分×10人＝50分が無駄になる。

【会議】新人、若手社員が会議で貢献するには…

●まずは、議事録作成を買って出よう

新入社員や転職したばかりといった新人のうちは、会議に出ていても、何をしていいかわからないかもしれません。しかし何もせず、ただ議論を聞いているだけでは、そこにいる意味がありません。

新人でも貢献できることを探しましょう。

まず心がけたいのは「**議事録を取る役割**」を自ら買って出ることです。

議事録の作成には2つのメリットがあります。

1つは、会議をボーッと聞いている時と比べて、会議の内容が頭に入りやすいことです。すると、仕事の進め方や大切なポイントがわかり、遅かれ早かれ、自分の業務に役立ちます。

もう1つのメリットは、「ビジネススキルが鍛えられること」です。議事録がわかりにくいと、上司や先輩から指摘が入ります。それを直す過程で、ビジネスに必要な文章力や整理力が鍛えられます。

ちなみに「ホワイトボードに書く」※のも、議事録と似た作業ですが、ホワイトボードは議事録よりも会議の内容の理解度とまとめる技術が必要なので、少し職場に慣れてからのほうがよいでしょう。

会議に慣れてきたら、意見やアイデアを発言することにも挑戦してください。「職場の大先輩を前に、自分のアイデアなんて……」と思うかもしれませんが、職歴の長い人は発想が凝り固まっている傾向があり、会議をしても堂々巡りになることがあります。そんな時、若手の素朴な疑問やアイデアが、良い起爆剤になるものです。

会議が終わりに近づくほど発言しにくくなるので、なるべく早い段階で発言してみるとよいでしょう。

ポイント　座って聞いているだけの人は不要。何か貢献を！

【注】もちろん「ホワイトボードに書いて」と頼まれたら、断らずにチャレンジを。そのほうが、早く成長できる。

【ファシリテーション】

時間が長いだけの無駄な会議にしないコツは？

●会議時間を45〜50分に設定する

会議の時間が無駄になるか有益になるかは、ファシリテーター[※1]によって決まると言っても過言ではありません。

自分がファシリテーターになった時、無駄な会議をしないためには、何をすればよいでしょうか。

最も重要なのは、「**会議の目的とゴールを明確にすること**」です。

何の成果もない会議が生まれる最大の原因は、目的やゴールが曖昧だからです。そうすると、参加者も何を話していいかわからず、求められていないことを好き勝手に話すという結果に終わります。

それを防ぐには、会議の最初に目的とゴールを宣言すること。ホワイトボードにそれを大きく書き出すのもよいでしょう。

【注1】会議の進行を司る役割。フェアな議論を行うために、中立的な立場でいることが求められる。

時間の浪費を防ぐには、「アジェンダ[※2]や資料を会議の前に送付すること」が重要です。

先に配れば、その場で配った時と違って、読む時間の数分が無駄になりませんし、参加者に前もって考えをまとめる時間を与えられます。

また、「**会議の時間を60分ではなく、45〜50分にする**」のも、時間の浪費を防ぐのに有効です。人は与えられた時間を目いっぱい使い切ろうとする傾向があります。例えば、60分と設定されると60分すべて使い切ろうとするわけです。しかし45分と設定すれば、45分で終わろうとしますし、内容も60分の時とたいして変わらなくなるものです。

また「会議を立って行う」職場もあります。

ずっと立ち続けると疲れるので、みんなが効率良く進めようとするというわけです。試してみてください。

ポイント　ちょっとした工夫で無駄な会議は防げる！

【注2】
その日の会議の議題をまとめたリスト。

【ファシリテーション】
有益な会議にするためのキーワードは「心理的安全性」

●なぜ、会議の前に雑談タイム？

会議をしているのに、一部の参加者しか発言しようとしない…。

その原因の多くは、参加者にアイデアや意見がないことではありません。

「心理的安全性※」が低いことです。

心理的安全性とは「自分の考えを自由に言っても、あとで不利益なことがない」という状態を指します。

誰かの意見を否定したら、裏で足を引っ張られた…という心配があったら、誰も発言などしません。

心理的安全性を高めるのは難しいことですが、まずは、ファシリテーターが「何を言っても大丈夫」という雰囲気をつくりましょう。

必要なのは、**どんな意見も否定しないで、じっくり聞く姿勢を示すこと**。

【注】心理的安全性はハーバードビジネススクールのエイミー・エドモンドソン教授が提唱した概念。グーグルが重要視していることで話題になった。

その上で、意外に大きな鍵を握るのは、表情やふるまいです。

心理的安全性が低いチームは、誰かが腕組みをしたり、ムスッとしたりして、無意識にメンバーを威圧しているものです。ファシリテーターではないチームの年長者がそうしている場合は指摘しにくいですが、ファシリテーターが率先してお手本を示しましょう。

例えば、ファシリテーターが**にこやかに、相づちをしっかり打って話を聞くと、発言者は安心します**。

また、会議の冒頭に雑談タイムを設けることも有効です。最初に「休日に何をして過ごしたか」「ランチは何を食べたか」といった、仕事と関係ない話をすると、メンバーの肩の力が抜けて会議に入れます。

すると、発言が出やすくなるというわけです。対面の会議はもちろん、リモートワークでWeb会議をする時にも使える手法です。

ポイント　あとで痛い目にあいそうだと、誰も発言しない！

【会議後】アクションを明確にすることで、会議が真に生きてくる

●議事録と一緒に、会議当日に送る

会議で有意義な話し合いができたとしても、それだけでホッとしてはいけません。ファシリテーターならなおさらです。

会議は最後のまとめが大事。

話し合った内容を踏まえて、「メンバーが何をする必要があるのか」、アクションをもう一度確認しましょう。

その時に大切なのは、**アクションをできるだけ明確にすること**です。何をすべきかがぼんやりしたままだと、実行に移されないことが出てきます。

「九州の全クライアント70社に、商談会の案内状を送る。5月31日までに」というように、「何を」「いつまでに」するのかを、数字を使って、はっきりと決めましょう。

ACTION
クライアントに、9月中に、招待状を送る
どのクライアントだったかな？
9月中なら、まぁ、まだいいか…
ACTION
クライアント100社に、9月10日の18時までに、招待状をメールする
ＯＫ！
量が多いし、9月第1週から取りかかろう

担当者は複数ではなく1人にすると、責任の所在がはっきりします。

あとは、議事録とアクションを、すべての関係者に共有します※。

メンバーがアクションを忘れてしまわないよう、会議当日のうちに送ってしまいましょう。

ポイント
会議は最後のまとめが大事！

【注】最近は板面を印刷・ファイル化できるホワイトボードも増えているが、それがなければ、ホワイトボードを撮影して、みんなで共有するとよい。

コラム7 「責任は取るが決断はゆだねる」で人は伸びる

会議やミーティングの席で、気がつくとなんでも自分が「決断」をしてしまっている――。役職が上がってくると、そうしたシーンが増えてくるものです。

確かに、マネージャーやリーダーの大きな仕事は「決断」すること。

そのために、何かと決めることが増えるのは仕方ありませんが、もうひとつ大事な仕事に「後輩や部下を育成する」面も少なからずあります。

そう考えると、決断をすべて上長《じょうちょう》がやってしまうのは、得策ではありません。人は「決断する」ことで、成長する側面があるからです。決断を迫られるから「この戦略は正しいのか否か」を真剣に考えざるを得なくなる。決断しなければならないからこそ、責任感も出てくる。筋トレ同様に、負荷が高いほど、つく力も大きいのです。

そこで、上長であれば、なるべく「**決断を部下や後輩にゆだねる**」意識を持つことも大切でしょう。ただし、何かあった時の「**責任は自分が持つ**」と明言することとセットであることも忘れずにいましょう。

8章

武器としての「会食・接待・パーティ」のマナー

【接待】幹事のサポートをあえて買って出る

●開始前からお開き後までやることがたくさん！

取引先の接待も、ビジネスパーソンにとって重要な仕事。「このデジタルの時代にアナログな接待なんて…」と思う人がいるかもしれませんが、人間は感情の生き物。一緒に食事を共にし、心理的な距離を縮めることで、仕事がスムーズに行くことは少なくありません。また、仕事から離れた場でのふるまいは、意外と職場の上司や取引先からの評価に影響するものです。

幹事でない人も、取引先をもてなすために、やるべきことはたくさんあります。**「あれ、やっておいて」と上司や幹事に言われる前に、先回りして行動するように努めましょう。**

まずは会食が始まる前。幹事は、お店側と打ち合わせをしたり、席次を決めたり、お土産を用意したり…とやることがたくさんあります。その手伝いをするために、幹事でない人も、早めに店に到着しておきましょう。お客様が開始時間よりも早くいらっしゃる場合もあり得るので、20～30分前には着いておきたいところです。

場合によっては、店の入り口付近でお客様を出迎えると※、相手が迷わずに済みますし、印象が良くなります。

会食が始まったら下座に座ります。乾杯の時は、お客様よりも自分のグラスを下げて当てるのがマナー。お客様の飲み物が空になっていないかをチェックし、お酌をしたり（174ページ参照）、追加注文をしたりします。

会食がお開きになったあとも、気は抜けません。お土産を渡す準備をしたり、タクシーを呼んでもらうようお店にお願いしたり、お見送りをしたり、忘れ物チェックをしたり、とやるべき仕事はあります。二次会の場所がまだ決まっていないようなら、近隣に入れる店があるか、確認する手伝いをしましょう。

ポイント 幹事に言われる前に、何をすべきか考える！

【注】店の形態にもよるので、必要かどうかわからなければ、幹事の判断を仰ぐこと。

【立食パーティ】

立食パーティで、できる人はこう動く

●勇気を出して、自分からアプローチ

記念式典や交流会などの「立食パーティ」。実は苦手で、いつも会場の端っこで一人、時間が過ぎ去るのを待っている…。こういう人は少なくないようです。しかし、そこでの出会いが、仕事につながる可能性も十分にあります。頑張って交流しましょう。

まずは、**自分からアプローチ。近くにいる人に「よろしければ、名刺交換をさせていただけますか？」と声をかけてみましょう**。立食パーティの場では断られることはないので、心配はいりません。いただいた名刺はしまわずに、手持ちの名刺入れの上に置き、両手で持ちます※1。

会のテーマにもよりますが、話題は、名刺の情報を見て※2、相手の仕事内容について質問するのが最も無難です。

【注1】この時、グラスや皿は近くのテーブルに置いておきましょう。バッグはクロークに預けておいたほうが安心。

打ち解けることができたら、その相手とずっと話していたくなるかもしれませんが、相手をずっと独り占めするのはやめましょう。立食パーティの目的は様々な人との出会いであり、その機会を奪ってしまうことになるからです。頃合いを見て、お礼を言いながら、自分から離れましょう。

せっかくたくさんの食事やお酒が並んでいるからといって、元を取ろうと思わず、あくまで適度に。皿いっぱいに食事を載せていたり、お酒を飲みすぎて泥酔したりするのは、下品です。料理が置かれたテーブルの前や入口付近に居座って食べているのも、マナー違反です。

パーティ慣れしたビジネスパーソンは、「**最初の数分でパパッと食べて、あとは会話に集中する**」。または「**パーティの前に軽く食べてくる**」人も多いようです。交流という目的を考えれば、賢いふるまいと言えるでしょう。

ポイント　立食パーティは「交流」を第一に考える！

【注2】人によっては、裏側に簡単なプロフィールを載せている人もいるので、チェックするといい。

【お酌】
手慣れたお酌の仕方、断り方

●お酌にもルールがある

歓送迎会、昇進祝い、暑気払い…。ビジネスパーソンは仕事上で飲む機会があります。接待などで取引先との飲み会もあるので、いまだ飲みニケーションは健在だと言えるでしょう。そこで覚えておきたいのがお酌の仕方。

お酌は若手だけがやるものではありません。職位が上がったら上がったで、より職位が高いお客様などへのお酌の機会が増えていきます。正式なやり方を覚えておけば安心です。

最も注ぐ機会が多いのは瓶ビールでしょう。**瓶ビールを注ぐ時には、ラベルが見えるように右手で底のほう、左手で注ぎ口のほうを持って、**グラスに注ぎます。この時、グラスに瓶の注ぎ口が当たらないように注意しましょう。

よく瓶ビールを抱えて、いろいろな人に注ぎまわっている人がいますが、瓶を抱えて歩くのはマナー違反です。場の雰囲気もありますが、自分から積極的にやるのは控えましょう。

日本酒の場合は、**右手で徳利《とっくり》をつかみ、左手を注ぎ口に添え、2回に分けて**注ぎます。おちょこは小さいので、一度に注ごうとすると、勢いがついて、おちょこからお酒があふれてしまう可能性があるからです。中にはお酒を飲めない人もいるので、無理強いをしていないか、常に配慮しましょう。

自分が飲めない場合は、どうすればいいのでしょうか。乾杯の段階からウーロン茶など、ソフトドリンクを飲み、お酌は受けないという考え方が主流になっているようですが、できるビジネスパーソンの場合は、乾杯はビール、日本酒のお酌も受けます。ただし、**口をつけるだけ**※。**飲むのはカタチだけ**です。その理由は、みんなと同じものを飲むことで、より強い連帯感が生まれるからです。

ポイント　飲めない場合は口をつけるだけでOK

【注】これをアルハラ（アルコールハラスメント）ととらえる人もいるので、「口をつけるだけでも」などと他人に強要するのはNGだ。

【会話】
社外の席ではこんな会話に要注意！

●取引先の名前は出さない

同期や同僚など社内の人と一緒に食事をしたり、飲みに行ったりする時、気をつけるべきは〝話題〟です。共通話題は「会社」なので、知らず知らずのうちに会社の話題で盛り上がりがちです。

「新製品の開発状況」「提携先」「M&A情報」「財務情報」をはじめ、仕事の話には、企業秘密に該当するような情報がたくさん含まれています。最新知識を詰め込んだ研修終了後は、特に危険かもしれません。周辺にライバル社の人間などがいれば、情報漏洩につながります。

危ないのは同期や同級生との集まりでしょう。※ 相手に仕事の状況を伝えるために、取引先名などを交えて懇切丁寧に解説するケースが多いからです。お酒の助けもあって、店中に聞こえるような大声で解説しているケースも珍

【注】店内だけではなく、同級生経由で漏れることも。同級生から聞いた価格よりも安い値段を設定して、顧客を奪い取ったという例もある。

しくありません。

もっとも大半は、漏れても会社の屋台骨を揺るがすような事態に発展するような内容ではないので、漏らした場合は、お仕置き的な意味で**戒告**《かいこく》（口頭で注意）や**譴責**《けんせき》（始末書など）で済みます。しかし、重大な情報であれば、**懲戒**《ちょうかい》**解雇処分**を受ける恐れもあるし、そこに**損害賠償**が加わることもあります。会社の話をする時には、この場で話していい話題なのかどうかを意識することが必要です。

情報漏洩にはつながりませんが、**取引先の悪口は、当然ＮＧ**です。店内にその会社の関係者がいれば、あっという間に広がり、本人の耳に入るかもしれません。取引先に限らず、そもそも悪口を言うことはよくない上に、実際、リスキーです。できるビジネスパーソンは、そもそも悪口で盛り上がりそうな人たちの輪には入りません。

ポイント

最悪は懲戒解雇処分に損害賠償

【飲み会】
令和の飲みニケーションの新しい形とは？

●日中にサクッとやれば、みんな参加できる

職場のメンバーでお酒を飲んで親睦を深める「飲みニケーション」。いまはかつてより少なくなりました。「プライベートの時間がなくなる」「酒の席で気を使うのが嫌」「酔っ払った上司の説教は聞きたくない」…。こうしたことが、若い人に飲みニケーションが敬遠される理由です。

しかし、一緒に食事をしながら話すことが人間関係の構築につながるのは、古今東西変わりません。デメリットが少ない形なら、飲みニケーションが嫌いな若い人たちも、多少は付き合ってくれるものです。

そうした考え方から、飲みニケーションに代わる手段として、次のような形での親睦会を行う職場※が出てきています。職場の人間関係を構築したいなら、メンバーに提案してもよいでしょう。

【注】
ITベンチャー企業で、アナログな親睦会が行われることも目立つようになってきた。

◎**もぐもぐタイム**

あるメーカーでは、職場のメンバーが集まり、20分のおやつ休憩を取ります。ポイントは午前中開催。すると、パートタイマーの人も参加できます。

◎**シャッフルランチ会**

あるIT企業では、全社員をランダムにメンバー分けして、ランチに行く会を開催。他部署の人との交流が深まり、仕事がやりやすくなる効果が。

◎**スイーツ会**

ある生保会社では、社長がスイーツを用意して、社員と一緒に食べる会をスタート。16～17時開催で、子育て中の女性社員も参加できると好評。

◎**早飲み会**

あるIT企業では、職場の飲み会を17時～19時で行っています。すると20時には帰れるので、翌日に響かず、家族にも嫌がられません。

ポイント　形を変えれば、飲みニケーションは有効！

【支払い】
取引先がご馳走すると言ってきたら？支払いのマナー

●ご馳走になっていいものか？

いくつになっても悩むのが取引先と飲食を共にした時の支払い。相手が支払うといったケースです。公務員であれば、ご馳走になることはそもそも禁止されているので、迷うことなく割り勘にしましょうと言えます。民間企業でも接待を禁じる規定※を設けているところもありますが、多くの場合、禁じているのは過度の接待。どこまでが過度で、どこまでが大丈夫なのかは、迷うところです。

できるビジネスパーソンなら、若い時は、遠慮なくご馳走になります。何の権限もない若い社員にご馳走してくれるのは、単なる年長者としての親切。割り勘を主張するよりも、**「おいしかった」と笑顔で応えることがマナー**だといえるからです。

【注】ゆるやかな規定の場合、それを理由に招待を断るのはNG。同じ会社の他の人が接待を受けた場合、行きたくないから嘘をついていると思われてしまう。

中堅社員の場合、ご馳走になることを躊躇《ちゅうちょ》するのは、借りをつくりたくないからです。だから「割り勘」でいこうとなるわけですが、**できるビジネスパーソンなら、相手の事情を想像**してみます。ご馳走すれば接待費になりますが、割り勘にすれば自腹になる会社もあるからです。「給与が安く自腹はきつい」という事情かもしれません。

割り勘にしなくても、二次会に誘って、その支払いを持つことで借りを返す、あるいは、後日、今度は自分から誘ってご馳走する、手土産を持っていくなど、借りを精算する手段はいくらでもあります。

そもそも接待は、相手とより親しくなるための手段です。その支払いをめぐって、肝心の人間関係がぎくしゃくしては本末転倒です。不安であれば、あらかじめ上司に「ご馳走してくれると言ったら甘えていいか」を確認しておきましょう。不安がなくなれば、安心して会話や食事を楽しめるはずです。

ポイント 何のための食事なのかを考える

【お礼】ご馳走になった時、「ご馳走さま」は三度言う

●ご馳走したほうは忘れない!?

ランチミーティングや、夜の接待、あるいは忘年会や新年会などで、取引先や上司などにご馳走してもらうことはままあるものです。

そんな時は、もちろんすぐに「ご馳走さまでした」「ありがとうございます」とお礼を言うのは、基本中の基本マナー。しかし、ただ素早く一度お礼を言っただけでは、できるビジネスパーソンとは言えません。

ご馳走してもらった時のお礼は、できれば「三度」伝えましょう。

一度目は、先に述べたように、**ご馳走になった直後**。

「支払いはいいよ」と言われた時に「いやいや、それはあまりにも…」などと躊躇しながらも、適度なところで身を引いて「それではお言葉に甘えて。ご馳走さまです！」と気持ちよく瞬時に言います。

二度目は、**別れ際**です。お店を出て会食がお開きになる時に「本日は本当にありがとうございました。次回はこちらで（食事代を）持たせてください」などとあらためてお礼を伝えます。

そして三度目は**翌朝**。直属の上司など、翌朝すぐに顔を合わせる相手ならば、その時に「昨晩はありがとうございました。とても楽しかったです」などと、昨日のお礼を伝えます。別の部署や取引先の場合は、メールでお礼を伝えましょう。※「次はぜひご馳走させてください！」などと次につながる発言を入れ込むと、感謝とともに「本当に楽しかった」という真実味をおりまぜることができます。

やりすぎでは？　と思う人もいるかもしれませんが、案外おごったほうは、その記憶を長く強く残しているものです。貴重な時間を割いた上に、こちらが負担までしている…。三度のお礼くらいは返しておいたほうが、おかしなわだかまりを生むことなく、良好な関係を継続できるものです。

ポイント　直後、去り際、翌朝に、忘れず感謝を伝えよう

【注】帰りの電車内で、さっとスマホからお礼のメールを書き込む人も。

【幹事】幹事になったら知っておきたい「店選び」の鉄則

●おいしくて雰囲気が良い店がベスト?

会食の幹事は、ビジネスパーソンの腕の見せ所。上手に仕切ることができれば、社内外を問わず、すべての同席者から一目置かれ、仕事にも好影響をもたらします。苦手意識を持たず、自分の評価を高める「武器」にしてしまいましょう。

まずは、店選び。日頃から会食に使えそうな店を発掘しておくことも大切ですが、おいしくて雰囲気が良い店がベストとは限りません。例えば、魚が嫌いな人を寿司屋さんにお連れしたらヒンシュクを買うし、主賓の自宅から遠ざかっていく場所を選ぶと、帰宅がしんどくなり、内心嫌がられます。

会食の店選びは、**招く相手に合わせるのが鉄則**です。具体的には、事前に、お招きする相手について、以下の情報を収集しておきましょう。相手の担当者に「もし差し支えなければ…」と、それとなく聞いておくのです。

・（役職が上の方の）自宅の場所
・（役職が上の方の）好きなもの・嫌いなもの
・アレルギーや病気などの影響で食べられないもの
・宗教上の理由で食べられないもの
・ビールの銘柄※

また、店の立地に関しては、なるべく駅から遠い場所は避けたほうがいいでしょう。帰りはタクシーを手配するにしても、行きにご足労をかけてしまいます。裏路地のようなわかりにくい場所にある場合は、わかりやすい場所で待ち合わせしてご案内したほうが親切です。

いずれにしても、一度は下見をしたほうが無難です。ネットの情報だけで選ぶのはご法度です。

ポイント　相手の情報を収集し、最適な店をチョイス

【注】取引相手や系列会社などの関係で、特定の銘柄しか飲まないことがある。

【幹事】できる幹事が整えておく4つの準備

●準備は店選びだけではない

参加した人たちが会を楽しめるよう、幹事は様々なことに気を配る必要があります。会食中はもちろんですが、事前の準備も重要です。店選び以外にも次のことを考えておけば、できる幹事と思われること請け合いです。

1．席次

席次は、参加者の中でも最も役職が上の人が上座に座り、その両横に次に役職が上の人が座るのが基本です。もし、人数が多く、誰がどこに座っていいかわからないようであれば、あらかじめ席次を決め、席次表をつくっておくとよいでしょう。

2．挨拶

はじめの挨拶、乾杯の挨拶、締めの挨拶。基本的には、「はじめ」＝最も役職が上位の人、「乾杯」＝3番目の役職上位者、「締め」＝2番目の役職上位者が行います。接待の場合は諸説ありますが、「はじめ」「乾杯」「締め」は、いずれも招いた側が行うのが無難です。

3．お土産

接待の場合はお土産を用意したほうがよいでしょう。これは取引先の相手よりも、その家族の方に「家族の時間を奪ってしまった」ことへのお詫びの気持ちを込めて、お渡しするものです。お土産は一次会の店で用意してもらってもいいですし、自社の近くにある名店の品物もいいでしょう。持ち歩くことを考えると、かさばるものは避けるべきです。

4．二次会の会場

急に二次会に行くことになった時、すぐに店が決まらないと場が白けます。会場候補店を事前にいくつかピックアップ※してておきましょう。

ポイント　席次、挨拶、土産、二次会…。抜かりなく！

【注】すぐに電話がかけられるよう、スマホのブックマークに入れておこう。

【幹事】いざという時に役立つ、なじみの店のつくり方

●料理やお酒をほめるといい

突然、取引先と会食になっても「4人なんだけど、いまから…大丈夫?」と融通をきいてくれる小料理屋。そんな「なじみの店」を持つことは、できるビジネスパーソンの証しです。ある程度の年齢で、こうした店がないと冒頭のようなシーンで、あわてて食べログを検索、微妙な店に取引先を連れて行く羽目になりかねません。逆にそんな突然のアテンドがソツなくできれば、あなたの評価もうなぎのぼりです。

ただ、なじみの店をつくるには、実はちょっとしたコツが必要です。

まず「**カウンターとテーブル席がある店を狙う**」こと。一人飲みだけなら、バーカウンターだけの店が入りやすいし、なじみ客にもなりやすい。でも、やはりちょっと何人かで飲む、という時は使いづらいからです。やはりここ

は一人でも数名でも使いやすい店がベターでしょう。

いい店を見つけたら、次のコツは「顔と名前を覚えてもらう」を実践しましょう。基本は何度か来店し、さらに予約もすること。顔と名前が一致するので覚えてもらえやすい。お店で少し店員と話す習慣をつけるとなおさらいいでしょう。無駄話より、**料理やお酒をほめるのが粋**。ほめられて嫌な人はいないし、自然と自分の好みを店に伝えることになるため、店側ももてなしやすくなります。つまり、おすすめされるメニューの精度も上がって一石二鳥です。

とはいえ、気をつけたいのは、なじみ客になってから。例えば店のドアが開いた時に、席やカウンターから振り返って、ジロッと「どんな客だろう?」と見る行為はやめましょう。見られるほうは気分が良いものではなく、「常連ばかりの排他的な店か」と判断されて足が遠のくかもしれません。つまり、店への迷惑行為※になってしまうのです。

ポイント　店の料理やお酒をほめるのが、なじみ客への近道

【注】その他、常連客だからといって無駄に長居したり、混雑時に大きな顔をしているのも避けたい。

【断り方】

飲み会の上手な断り方を知っておこう

●断るための下地づくりを

大切なプライベートの時間に食い込んでくる飲み会。「できれば避けたい」と考えている人は少なくありません。どうやって断ればいいのでしょうか。※

ただし、会社員である限り、すべての飲み会を欠席するのは不可能です。

また、飲み会には、社員同士の一体感が生まれるなど、様々な効能もあることは理解しておきましょう。

できるビジネスパーソンなら、飲み会に優先順位をつけます。「歓送迎会」「新年会」「忘年会」をはじめ、社員のほとんどが参加する行事的な飲み会に必ず参加していれば、他の飲み会を断っても失礼には当たらないからです。

断る時には、次のような順序で説明するとスムーズです。

まずは、飲み会に誘ってくれたことに対する**感謝の気持ち**を伝えます。そ

【注】しつこい誘いの場合は、何時までなら参加できますと時間で区切って早めに退散するのも一つの手。

の次が**参加できない理由**です。「先約がある」「体調がすぐれない」「用事がある」などが典型ですが、問題は、毎回使えないことです。

働き方改革の浸透とともに、案外使いやすいのは家庭の事情でしょう。「今日は家で食べる約束になっている」「妻とレストランに行く約束」「犬の散歩」などを理由にあげても、それほど違和感はなくなりました。習いごとやカルチャースクールなども、毎回使えて便利です。また、こうした用事は毎週あるので、次回から誘われなくなることも期待できます。大切なのは、相手が納得できる理由を用意しておくことです。飲み会に行けない理由を述べたら、**最後に、お詫びの言葉**を言います。

重要なのは、飲み会を断ることは、悪いことではないと認識することです。悪いと思うから、あとからばれるようなヘタな嘘をついたりして、信頼関係をなくすはめになったりするのです。

ポイント　相手が納得できる理由を言うこと

【慶事】

めでたい席で祝辞を頼まれた時には…

●自分と会社の関係を多少のユーモアを交えて

開店、創業記念、新社屋の完成、新会社の設立、新社長の就任式をはじめ、ビジネスの世界には、様々なお祝いのパーティがあります。担当者の一人として、こうした席に招かれることもあるでしょう。

その会社と関係が深かったり、成長に寄与したりしている場合は、若くても乾杯の音頭※や祝辞を頼まれることもあります。そうした場合、どのようなことを話せばいいのでしょうか。

まずは、**会社の発展に対するお祝いの言葉、そして、そんな貴重な場に招いてもらったことへのお礼を述べます**。会場には、いろいろな会社の役員や社長、年長者などもいるので、まじめすぎるくらいの態度で臨むのがいいでしょう。

【注】
乾杯の音頭のスピーチは短いほうがベター。お祝い、会社との関係、招待への感謝などを1～2分、原稿用紙2枚程度にまとめよう。

次に、**自分とその会社の関係**を説明します。どうして若手の自分が祝辞を述べているのか、多くの人が不思議に思うので、その点を明らかにするわけです。そして、具体的に、**一緒にどんな仕事をしてきたか**を語ります。失敗談や苦労話、成功した時の喜びなどエピソードを語ります。ここは、多少のユーモアを交えたほうがいいかもしれません。そして最後に、**さらなる発展についての期待**を述べるというのが一般的な流れです。

スピーチの長さは3〜5分程度と言われています。４００字詰め原稿用紙1枚を読み上げるのに1分ちょっとかかるので、3〜4枚分になります。まずは、どんな話をするのか、あらかじめ原稿に書いてみましょう。また、エピソードの部分に非公開の情報が入っているかもしれないので、あらかじめ上司にチェックをお願いしましょう。原稿が完成したら、実際に読み上げてテンポも確かめます。

ポイント　祝辞の型に沿って3〜5分にまとめる

【弔事】
遺族へのお悔やみの伝え方

●遺族にお悔やみを言うのは焼香のあと

葬儀の知らせは、親戚、友人・知人、勤め先などが担当します。遺族はそれどころではないからです。ファックスやメールでの知らせが一般的で、そこには通夜、告別式の日程、場所などが出ています。出欠の知らせなどは不要です。昔は通夜が身内だけ、告別式が一般参列が多かったようですが、現在は通夜が一般、告別式は身内や親しい人、というのが一般的です。通夜は夜に行われるので、会社を休まずに出席できるからです。

最寄りの駅に着いたら、会場まで案内表示があるので迷う心配はありません。会場に着いたら、まず受付に立ち寄ります。ここで「**このたびはご愁傷様でございます**」「**心よりお悔やみ申し上げます**」などとお悔やみの言葉を伝えます。出席者は誰でもショックを受けているので、聞きやすく話す必要はありません。むしろはっきりと大声で言うほうが不躾《ぶしつけ》に映ります。

受付を終えたら、係の人が席に案内してくれます。その後、読経《どきょう》、お焼香、喪主の挨拶、お見送りという流れになります。会場を後にする時などに、遺族にお悔やみの言葉を伝えます。この時も「このたびはご愁傷様でございます」「心よりお悔やみ申し上げます」で構いません。こうした言葉はなじみがないので、言いづらい人は「**大変でしたね**」が言いやすいかもしれません。言葉が見つからなければ、お辞儀だけでもＯＫです。

遺族にとっては、どこの誰だかわからないケースもあるので、この時、簡単な自己紹介をする人もいます。通夜会場の中には「通夜ぶるまい※」の席が用意されています。お酒を飲んだり、料理を食べながら、遺族とともに故人をしのぶ場です。通常、短時間で終わるので、時間があれば参加しましょう。大半の人はビール１杯だけ飲んで出るといった参加の仕方をしています。この時、遺族に故人との関係を話してもいいでしょう。

ポイント　**大切なのは気持ちを伝えること**

【注】通夜ぶるまいの席で、大勢の懐かしい友達に会うかもしれないが、そこで盛り上がるのはNG。

コラム8 上司の代理で葬儀に参列する時は？

訃報《ふほう》は突然やってきます。だから、葬儀に出席できないといったことは頻繁に起こります。会社関係の人が亡くなり、本来、上司が行くべきなのに行かれない。こんな時には、代わりに部下が行くことになります。

最初に受付で芳名帳を書きますが、代理出席の場合、何と記載すればいいのでしょうか。ヒントは「**あとで遺族が見てわかるようにする**」こと。だから、香典の出し主である上司の名前を書き込みます。これで香典の出し主は上司とわかります。

しかし上司は実際には来ていません。代理が来たことを示すために、上司の名前の下に（代理）とか（代）と書きます。その下に、さらに実際に出席した自分の名前を書いておけば、よりわかりやすいでしょう。一方で、芳名帳に上司の名前だけを書いておけばいい、あるいは名刺を渡すだけでいいという考え方もあります。故人とは自分も親しく、個人的に香典を渡したいといったケースもあるでしょう。その場合は、芳名帳に、上司とは別の欄に自分の名前を書き込みます。

9章

武器としての「トラブル対応」のマナー

【仕事のミス】
仕事でミスは避けられない。それを上司にどう伝えるか？

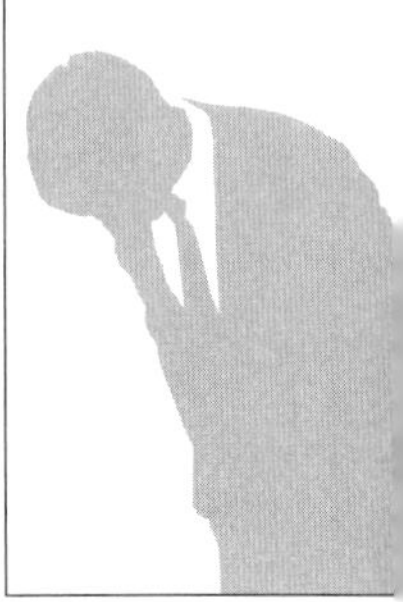

●まずは先輩に相談

どれだけ気をつけたつもりでも、ミスは起きるものです。問題はその対応です。ミスが起こった時には、どうすればいいのでしょうか？

覚えておいてほしいのは、**傷口を広げないことを第一に考えて動く**ということです。仕事に慣れていない新人の場合は、まずは自分のトレーナー役の先輩に報告しましょう。仕事をわかっていないので、ミスのレベルも判断できないからです。

本人にとっては深刻な事態に見えても、先輩一人で簡単に解決できるレベルのミスかもしれません。逆に、たいしたミスには見えないのに、実は部門を越えて解決しなくてはならない、とんでもないミスだったというケースもあります。だから、まずは先輩に相談して、最もスピーディな解決策を探るのです。

悩みが深いのは中堅社員でしょう。迅速な報告も求められますが、同時に、ある程度の原因究明も求められるからです。しかし、原因を探しているうちに、傷口が広がってしまったら大変です。次第に報告しづらくなって、結果として隠蔽《いんぺい》するといったことが起こるかもしれません。

こんなことにならないように、**できるビジネスパーソンなら、まずミスの報告をします**。あわせて、**いま原因解明をしている最中だと報告**します。そうすれば、心置きなく原因究明に取り組めます。

働いている限り、誰でもミスをします。どんなに恐ろしい上司でも、内心ではミスをするのは当たり前だと思っています。だから、どんな上司でも恐れずに、即座にミスを報告しましょう。重要なのは、次に同じミスをしない※ということです。

ポイント　重要なのは被害の拡大を防ぐこと

【注】ミスをするのは当たり前。ミスを報告した時にチェックされるのは、どのように対処したのか、次にどう生かすか。

【ハラスメント】

セクハラ・パワハラにならないための心得

●新しいハラスメントが続々登場

セクハラ、マタハラに次いで、パワハラも法制化されました。最近、新たに注目されているのは「カスタマーハラスメント」です。

ハラスメントを受けるのも困りますが、もっと恐ろしいのは、知らず知らずのうちに自分がハラスメントをしていることでしょう。

例えば、パワハラ。「職場のパワーハラスメントとは、同じ職場で働く者に対して、職務上の地位や人間関係などの職場内での優位性を背景に…」と定義されていますが、職場内での優位性には、役職だけではなく、専門知識や経験など、様々なケースが含まれています。例えば、専門知識を持たない上司を説明もせずにバカにしたりすれば、パワハラになる可能性もあります。※

一方、セクハラの対象となるのは行動と言動。行動については、性的な関

【注】みんなで上司を仲間外れにしたり、情報を教えなかったりすればパワハラに該当する可能性も。

係を迫ったり、必要もないのに体を触ったり、と明快ですが、発言については、本人が不快と思うか思わないかといった主観的な部分もあります。

例えば、Aさんと盛り上がった話が、Bさんにとってはセクハラに感じるかもしれません。悪気はないけど、知らず知らずのうちにセクハラをしてしまった…。そんな怖さがあるわけです。

ハラスメントを犯さないためには、まず、「**自分がされて嫌なことは人にもしない**」と強く意識することです。それだけで、ほとんどのハラスメントを防げるはずです。一方で、自分はされて平気でも、相手は嫌がっているケースもあります。しかし、注意して見ていれば、やんわり拒否の言葉が出たり、顔色が少し変わったり、不快な表情をしていることがわかるはずです。

一人ひとりの気持ちを考えながら、丁寧にコミュニケーションを図っていれば、即座に相手の変化に気づくし、それぞれが嫌がる話題、好む話題がわかってくるはずです。

ポイント　防止策は相手を理解しようとすること

【謝罪】仕事先に迷惑をかけてしまった時の対応の手順

●謝罪はスピーディに

大切なお客様に迷惑をかけてしまった。こんな時、どのように謝罪すればいいのでしょうか。**いち早くお詫びをする**ことは重要ですが、その前に決めることがあります。それは、誰が謝るのか。**仕事先にかけた迷惑の度合いによって、謝罪する人の職位は変わります**。例えば、新人が取引先の部長に迷惑をかけた場合。スピードが大事だからといって、迷惑をかけた本人が即座に一人で謝りに行ったら、かなり失礼です。こちらも部長など職位が高い人間が行かなくてはバランスが取れません。だから、勝手に動くのは厳禁です。

迷惑の度合いにもよりますが、謝罪は電話やメールで済ませず、できれば直接、客先に出かけて謝りましょう。**可能なら当日、遅くても翌日には出向きたいものです**。そのほうが、より誠意が伝わります。謝罪には通常、迷惑をかけた本人と上司で出向きます。客先に到着したら、まずは54ページで紹介した45度の角度のお辞儀で、謝罪の言葉を述べます。この時、「ごめんなさい」や「すみません」といった軽い言葉はNGです。「申し訳ありません」「お詫びいたします」などが適切です。

多くの場合、手土産も用意します。一般に、お詫びの手土産の予算は、**挨拶の手土産の倍程度のケースが多い**ようです。二度と同じ問題が起こらないように、水引は「結びきり※」、表書きは「御詫び」「陳謝」「深謝」などを選びます。ひと通りの謝罪が終わり、相手が納得したところで渡すと、たいてい雪解けムードが漂います。しかし、先方の怒りが激しい場合、「土産でごまかそうとしている」と受け取られ、火に油を注ぐ結果になることもあります。一律に同じ対応をせず、客先の気持ちを考えてから行動しましょう。

ポイント　謝罪はいち早く。誠意をしっかり伝える

【注】水引には、結びきりと蝶結びの2種類がある。「結びきり」は、結婚、葬儀など1度しか起こってほしくないもの、「結び直せる「蝶結び」は、出産祝い、昇進祝いなど、何度も起こってほしいものに使う。

【催促】
仕事を催促する時の〝感じ悪くない〟言葉

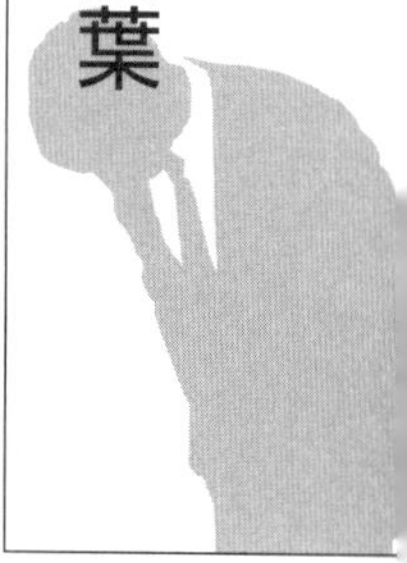

●あえて自分のせいにする

「書類が提出されていない」「納品されていない」「入金されていない」…。こんな人や取引先がいるため、仕事はなかなかスケジュール通りには進みません。仕事を進めるためには催促が必要ですが、どう伝えればいいのでしょうか。言い方がまずければ、へそを曲げられそうで心配です。

できるビジネスパーソンなら、相手の落ち度にせず、まずは形だけでも自分の勘違いにします。例えば、「**行き違いがあったらすみません**」「**もしかしたら、こちらの勘違いかもしれませんが**」といった具合です。

こうしたひと言があれば、仮に行き違いで書類の提出や入金をすでに済ませていたとしても、「感じ悪い」とは思われずに済みます。また、「あなたがスケジュールを守らないはずはない」といった信頼し切った態度で接することは、「信頼を裏切ってしまった」という強いプレッシャーにもなります。
それに対して、いきなり相手の非を責めるような態度※で接すれば、「騒ぐほどの書類じゃないだろう」「いま、忙しいんだ」など、できない理由を並べて逆切れされることも。結果、ちっとも提出してくれないといったことになりかねません。
社内の場合は、依頼の段階からCCで上司にも流しておくことは、多少は有効です。一方で、もしかしたら、何か提出できない、あるいは支払えない事情ができたというケースもあるでしょう。催促をしつつ、相手の状況をさりげなく聞いてみましょう。「入金遅れ」の催促は、「できるだけ事務的な口調が効果的だ」という意見も。ソフトで丁寧な態度で接していれば、聞き出すチャンスもやってきます。逆に強い態度で臨めば、応対を嫌がり、そのうち居留守を使われるような事態に陥ることもあります。

ポイント　相手の非をストレートに責めない

【注】「まさかお忘れではありませんよね」と非難がましく言われたり、「あなたみたいに仕事が遅い人は見たことがない」とバカにされたことで腹を立て、取引をやめた例も。

仕事の基本　身だしなみ　初対面・来客対応　電話・メール・チャット　他社訪問・営業　社内コミュニケーション　会議・ミーティング　会食・接待・パーティ　トラブル対応

【クレーム対応】

「お客様は傷ついている」前提で対応する

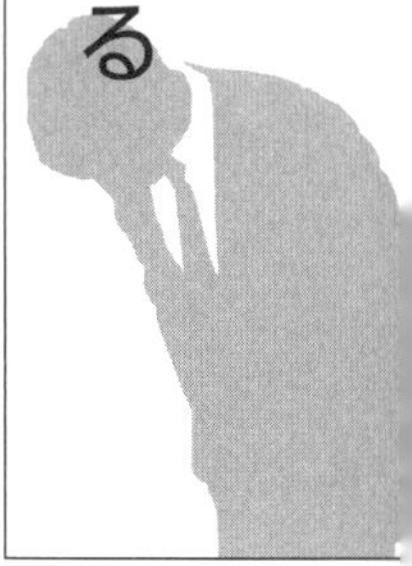

●クレームをチャンスに変えられるのが、できる人

どんなに気をつけていても発生してしまうのが、お客様からのクレーム。「嫌だな…。早く終わらせたいな」と思うのが本音でしょう。

しかし、クレームをつけるお客様は、あなたやあなたの会社に期待していることが少なくありません。きちんと対応すれば、強固な常連客になる可能性もありますから、チャンスととらえて接しましょう。

クレームをつけたお客様があなたの担当客でなくても、「**自分は会社の代表である**」**という意識で接する**ことが大切です。

クレーム対応をする時の鉄則は、「**お客様の言い分をしっかり聞くこと**」です。お客様が勘違いしていたり、理不尽なことを言ったりすると、思わず途中で口を挟みたくなりますが、話をさえぎることは火に油を注ぐ行為。余計に怒らせることになり、いっそうややこしい事態を招きます。

お客様の言い分を最後まで聞き切りましょう。

お客様も、言いたいことをすべて言えると、うっぷんを吐き出せるので、怒りが減っていきます。こちらも、お客様の言い分を聞くことで、怒りの原因がわかり、お客様が本当に求めている代替策を提示できる※でしょう。

お客様の話を聞く時に気をつけるべきなのは、「聞く態度」。お客様の言うことに腹を立てると、その気持ちがついつい表情やふるまいに出てしまいます。その状態で、相づちを打ったり、共感するそぶりをしたりしても、ボロが出てしまいます。

それを防ぐためには、「**お客様は傷ついている**」と考えて、気持ちに寄り添うことです。そうして、自分より相手の感情にフォーカスすることで、話を聞けるようになり、相づちや共感にも身が入るのです。

ポイント　**クレームを聞き切れば、突破口が見えてくる！**

【注】求めていない代替策を示すと、こじれることも。本気で提言したい人に対し、返金でとっとと終わらせようとすれば、怒りを増幅させるだけ。

【クレーム対応】

クレーム対応で 絶対にやってはいけないこと

●安易な「申し訳ございません」はリスキー

クレーム対応に慣れていない人は自分の首を絞める行動をしがちです。

例えば、よくあるのは「話を聞かずに謝ってしまう」ことです。相手の勢いに負けて、「大変申し訳ございません」と言ってしまうと、全面的に謝罪をしたことになり、余計に補償を求められる事態になり得ます。

それを防ぐには、「**部分的に謝罪をすること**」です。例えば、「お品物をお届けするのが遅れてしまい、申し訳ございません」と発送が遅れたことだけを謝罪します※。そうすれば「元の商品より良い商品に替えろ」などといった理不尽な要求を聞き入れずに済みます。

ポイント クレーム対応の時は冷静に言葉を選べ！

【注】まだクレームの内容や原因がよくわからないうちは、「ご不快な思いをさせてしまい、申し訳ございません」と気分を害してしまった部分だけを謝る。

クレーム対応、この言葉をチョイス

1．語尾を疑問形にする

✕「**少々お時間をください**」

○「**少々お時間をくださいますでしょうか？**」

「ください」で終わると、それ以外の選択肢がないように聞こえて、お客様の反発を招くことがある。「くださいますか？」などと疑問形にしよう。

2．クッション言葉を入れる

✕「**ご了承いただけますか？**」

○「**恐れ入りますが、ご了承いただけますか？**」

「恐れ入りますが」のようなクッション言葉を入れると、口調が柔らかく聞こえる。その他、「お差し支えなければ」「お手数をおかけしますが」「失礼ですが」なども、よく使われるクッション言葉。

3．「絶対に」を使わない

✕「**以後、絶対にこのようなミスがないようにいたします**」

○「**以後、このようなミスがないようにいたします**」

お客様の怒りを鎮めたいと考えて、「絶対に」などと付け加えると、万が一もう一度ミスをした時に、「あの時、『絶対に』と言っただろう!!」と言われ、大きなクレームに発展することになる。安易に使わないこと。

【ダメ出し】
部下・取引先にやり直しを頼む時のコツ

●求めているのは「いい仕事」

「発注した仕様と違うものを納品された」
「頼んだよりもうんとレベルの低い資料があがってきた」

社内外を問わず、「ダメ出し」や「やり直し」を迫らざるを得ないことは多々あるはずです。一つのミスが大きな失敗につながることもあるのがビジネスです。有無を言わさず「やり直せ！」と指示を出すこともできますが、そこは人がからむ世界。「頭ごなしに偉そうに…」と反発されたり、「あんたの指示が悪かったんじゃないか」と陰口を叩かれる可能性が高くなります。

「適当な仕事をするな！」と腹の立つ気持ちはグッとこらえて、「やり直してもらい、質の高い仕事をしてほしい」という目的に集中しましょう。

そのためには、相手に面倒くさがらずに動いてもらうことが大切です。

まずは〝ほめ〟ましょう。

「納品してもらって、ありがとうございます！　相変わらず縫製が丁寧ですばらしいですね」などと良いところをピックアップして伝えます。その後、「ただ、ちょっと色味がサンプルと違うようなんですよね…」と**ほめたあとで、依頼内容と違うことを明確にして、やり直しの指示へとつなげます**。

些細なようですが、最初に「ほめられた」ことで、言われた相手はフッと心をゆるめてくれる。次に多少耳の痛いことを言われても、甘んじて受け入れられるわけです。仮に、納品された仕事にほめるところがない時は、「過去の仕事」や「普段の行い」をほめることから話を始めましょう。

普段から、取引先や同僚たちとのリレーションを良くしておくことも大切。やり直しそのものを減らすことにもつながります※。

ポイント　いい仕事を指摘してから「直してほしい」をしっかりと伝える

【注】普段から関係性が良好ならば、コミュニケーションもスムーズなので指示も通りやすくなる。

【自己管理】

アフターコロナ時代の自己管理・部下管理の新常識

●少しでも発熱があったら、迷わず休む

「社会人たるもの、少し熱が出たぐらいで仕事を休んではいけない」

このような考え方がまかり通ったのは昔の話。新型コロナウイルスの感染拡大によって、感染症に対する考え方は180度変わったといってもいいでしょう。

少しでも発熱があった場合は、感染症を疑うべき。**他人にうつさないために、仕事を休むのが鉄則**です。咳《せき》が出ている程度でも、できる限り、出社しないで様子を見ることが望ましいと言えます。

会社のシステムにもよりますが、自宅でテレワークができるようなら、積極的にテレワークをすべきです。有給休暇を使い切っていても、無理をしないで休まなければいけません。

なお、鳥インフルエンザやエボラ出血熱などの指定感染症にかかった人は、感染症法第18条と労働安全衛生法第68条に基づき、ただちに出勤停止になります。新型コロナウイルスの場合は、仕組みは少し異なりますが、都道府県知事から入院勧告が出されるので、事実上の出勤停止です。※

あなたが管理職なら、**部下が体調不良を訴えていたら、すぐに休ませましょう**。誰か一人が休んでも仕事が回るような仕組みを考えておくことも重要です。もちろん従業員一人ひとりも、自分が罹患《りかん》した場合を想定し、すぐに仕事を他の人に引き継げるよう、日頃から準備をしておきましょう。

たとえ新型コロナウイルスの特効薬やワクチンが開発されたとしても、別の感染症が再び人類を襲う可能性もあります。最悪の事態を想定して、周囲を巻き込まない行動をすることが、これからのビジネスパーソンに求められるエチケットです。

ポイント　自分がうつすかもしれない、と心得よ

【注】厚生労働省ホームページの「新型コロナウイルスに関するQ＆A（企業の方向け）」より。

【SNS】
SNSで会社に貢献する人、迷惑をかける人

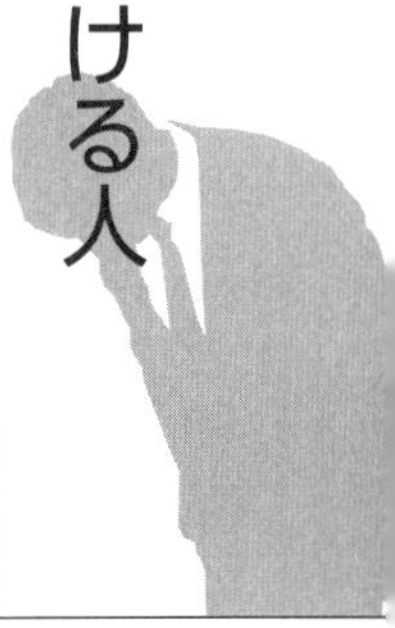

●深く考えずに発信したら大損害…

インスタグラムやツイッターなどのSNS（ソーシャル・ネットワーキング・サービス）。日々活用している人は多いでしょう。

SNSの長所は、自分の考えや見た光景を簡単に世の中に発信できること。「たくさんの『いいね』をもらおう」「言いたいことを言ってスッキリしよう」と深く考えずに、いろいろなことを発信したくなりますが、**一歩間違えると、会社に大損害を与えることがあるので注意**が必要です。

例えば、以下は、個人アカウントの投稿が会社に迷惑をかけたケース。

・スポーツショップの店員が、来店したスポーツ選手とその同伴者をバカにする内容をツイッターに投稿し、ネットが大炎上。店員はクビに

・コンビニのアルバイト店員が店に並んでいる食品の上に寝転んで遊んでい

る写真をフェイスブックにアップし、会社に苦情が殺到。フランチャイズ契約が解除され、閉店に追い込まれた

また、

・自動車ディーラーのツイッターアカウントが、ライバル社の社長逮捕を喜ぶツイートをして、炎上

・旅行サイトのツイッターアカウントが、芸能人のアカウントに容姿をバカにするツイートをして、炎上

というように、**企業アカウントが過激な発言をしてイメージダウンを招いたケースも**。この事例が起きた詳細はわかりませんが、運用担当者が個人の匿名アカウントと間違えて投稿するミスを犯した可能性は高いでしょう。※

一方、ＳＮＳで会社のイメージを上げるような投稿をしている人は数多くいます。できるビジネスパーソンになりたいなら、そちらを目指しましょう。

ポイント　匿名アカウントでも危険な投稿はしない！

【注】複数のアカウントを運用していると、アカウントの切り替えミスで、不適切な投稿をしてしまうことがある。

【副業】

「副業解禁」時代だからこそ覚えておきたいマナーとは？

●副業でクビになり、裁判でも敗れたケース

政府が正社員の副業を後押し※し始めたことで、副業を解禁する会社が増えてきました。その流れに乗って、副業をしている人もいるかもしれません。

ただ、会社がＯＫを出したからといって、すべて自由ではありません。会社に不利益を生じさせないよう、注意が必要です。

強く意識したいのは「**本業をおろそかにしない**」こと。

副業を頑張りすぎて、本業に身が入らなかったり、本業中に副業のやり取りをしていたら、クビになっても仕方ありません。実際、過去には、建設会社で働いていた人が、毎晩、夜の店でバイトをしていたことで会社をクビになり、裁判でも会社が勝訴したケースがあります。

また、「本業と競合する仕事を副業で行う」のは、大きなマナー違反です。

【注】
２０１９年に、厚生労働省が「モデル就業規則」から副業禁止規定を削除。雇用の流動化を促す狙い。

本業のノウハウや人脈を使って、本業の会社が得られるはずの売上をかすめ取っているわけですから、クビになっても仕方ありません。

こちらも、過去に本業と同じ業務の会社を個人で設立した人や、同業他社でこっそり働いた人が解雇され、裁判でも認められたことがあります。

さらに、同業他社に、本業の技術やノウハウなどの情報を流出させたら、クビを超え、損害賠償を請求されるでしょう。

加えて、「本業のイメージダウンを招く副業をする」のも感心できません。例えば「本業の会社の名前で安心させてから、マルチや詐欺的なビジネスに勧誘する」というのは、言語道断です。

会社が社員に副業を認めているのは、「**社外でもまれることで、会社に新しい風を吹かせてもらいたい**」と考えているから。副業をするなら、本業の会社にも何かメリットをもたらしたいものです。

ポイント 会社に不利益を与えていないか自問しよう

【テレワーク】
リモートワークの3つのリスクに注意

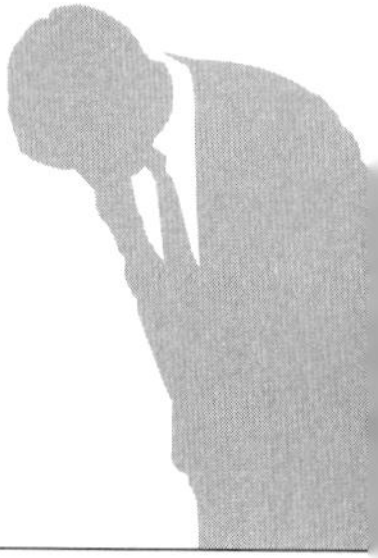

●フリーＷｉＦｉには大きなワナがある

新型コロナウイルスの影響で一気に広がったリモートワーク。外出先のカフェやファミレス、コワーキングスペースでノートＰＣを広げて仕事をすることが、ごく当たり前になってきました。

しかし、リモートワークには思わぬリスクもあります。会社に被害をもたらさないように、注意すべき点をしっかり意識しておきましょう。

まずは、単純に「**周囲の人に画面を見られるリスク**」です。

カフェや電車、新幹線の車内で、無防備にノートＰＣを開いている人がいますが、その画面から機密事項が漏れても不思議ではありません。偶然にも、近くに同業他社の社員が座っている可能性はゼロではありません。「壁をバックにできる席を選ぶ」「外では見られても大きな問題のない仕事しかしない」

など、十分に気をつけましょう。※

また、**「フリーＷｉ‐Ｆｉで情報を抜かれるリスク」**もあります。

最近は街中で無料で使えるＷｉ‐Ｆｉが増えていますが、タダより高いものはない、とはまさにこのこと。通信が暗号化されていないＷｉ‐Ｆｉだと、同じＷｉ‐Ｆｉを使っている人に情報が見られてしまうリスクがあります。

さらに危険なのは、「なりすましのフリーＷｉ‐Ｆｉ」。これは、カフェなどが用意しているフリーＷｉ‐Ｆｉとまったく同じＳＳＩＤ（ネットワーク名）を使ったＷｉ‐Ｆｉ。間違えて接続したＰＣの通信情報を盗んだり、遠隔操作したりと、悪さを行うことが目的なので、要注意です。

もうひとつのリスクは「盗まれるリスク」。ノートＰＣやＵＳＢメモリなどを外出先で忘れて盗まれたら大問題です。特にお酒が入る用事がある時は、できる限り、ノートＰＣなどを持って行かないようにしましょう。

ポイント　リモートワークはリスクと隣り合わせと心得よ

【注】周囲からののぞき見を防ぐフィルムを画面に貼るのも有効だ。

コラム9 やむを得ず依頼を断る時は、あえて言葉を崩してみるのも手

仕事の依頼があったけれど、スケジュールや予算的に断らざるを得ない――。もし本来受注したい仕事だったなら、その気持ちを伝えるテクニックを試してみては？

「このたびはお声がけいただき、誠にありがとうございました。ただ残念ながら、ご指定いただいた期間は、すでに別の案件が入っておりまして…」と、ここまではスタンダードなビジネスメール。しかしその後、「～すでに別の案件が入っておりまして…」のあとにフランクな口語を入れるのです。「**それにしても本当にお受けしたかった…。次の機会があれば、絶対にお声がけください！**」。

ビジネスメールの常識からいえばくだけすぎでアウトでしょう。しかし、「あまりに惜しくて…思わずホンネが流れ出た」感じは伝わる。受け手は、定型のビジネスメールとは違う情熱を感じ取り、「ぜひ今度また頼みたい」と感じてくれるわけです。

そもそも敬語とは、相手との距離を離してしまう言葉。だからこそ、ここぞという時に堅苦しい敬語を外すことは、人と人との距離を自然と近づけることになるのです。

■参考文献■

『図解&事例で学ぶ入社1年目の教科書』(カデナクリエイト著・保野成敏監修/マイナビ)
『課長・部長のための労務管理問題解決の基本』(カデナクリエイト著・由木竜太監修/マイナビ)
『The21』(PHP研究所)
『DIME』(小学館)
『東洋経済オンライン』(東洋経済新報社)
『月刊BIGtomorrow』(青春出版社)

人生の活動源として

いま要求される新しい気運は、最も現実的な生々しい時代に吐息する大衆の活力と活動源である。

文明はすべてを合理化し、自主的精神はますます衰退に瀕し、自由は奪われようとしている今日、プレイブックスに課せられた役割と必要は広く新鮮な願いとなろう。

いわゆる知識人にもとめる書物は数多く窺うまでもない。

本刊行は、在来の観念類型を打破し、謂わば現代生活の機能に即する潤滑油として、逞しい生命を吹込もうとするものである。

われわれの現状は、埃りと騒音に紛れ、雑踏に苛まれ、あくせく追われる仕事に、日々の不安は健全な精神生活を妨げる圧迫感となり、まさに現実はストレス症状を呈している。

プレイブックスは、それらすべてのうっ積を吹きとばし、自由闊達な活動力を培養し、勇気と自信を生みだす最も楽しいシリーズたらんことを、われわれは鋭意貫かんとするものである。

—創始者のことば— 小澤和一

編者紹介

カデナクリエイト

ビジネス全般、働き方、ライフスタイルなどを得意とする編集プロダクション。『週刊東洋経済』『THE21』『Discover Japan』などで執筆中。著書に『課長・部長のための労務管理問題解決の基本』『図解&事例で学ぶイノベーションの教科書』『図解&事例で学ぶ入社1年目の教科書』などがある。また『東洋経済オンライン』にて「知らないと恥を掻く! 若手社員のための社会人入門」というビジネスマナーの連載も手掛けている。

ビジネスマナーこそ
最強《さいきょう》の武器《ぶき》である

青春新書 PLAYBOOKS

2020年6月25日　第1刷

編　者　カデナクリエイト

発行者　小澤源太郎

責任編集　株式会社プライム涌光

電話　編集部　03(3203)2850

発行所　東京都新宿区若松町12番1号 〒162-0056　株式会社青春出版社

電話　営業部　03(3207)1916　振替番号　00190-7-98602

印刷・図書印刷　製本・フォーネット社

ISBN978-4-413-21166-6